中國八大場景

張偉國 | Koding Kingdom | 高聲 著

張偉國

講故事，學歷史

作為資深的歷史教師——我在大學歷史系任教已超過四十年，應該可以稱得上資深吧！我經常遇到這樣的問題：「讀歷史有什麼用？」「我們為什麼要知道這些與自己無關的事？」「歷史要死記，很枯燥，很沉悶！」當然，我不認為是這樣。

歷史真的與自己無關嗎？不是的，歷史雖然已經過去了，但我們與歷史仍然息息相關。曾經有人譏笑我所講的，都是「墳墓裡的人」的事，我回答說：「周公、孔子，秦皇、漢武，李白、蘇軾固然都是墳墓裡的人，但華盛頓、林肯、拿破崙、甘地何嘗不是墳墓裡的人呢？連香港人熟悉的任姐、霑叔，也已經故去，他們的故事，他們的言行、作品，仍然留在無數人心中，記憶長存，歷史消失了嗎？

我們並不是為了自己而要記得歷史，歷史是群體的共同記憶，是群體成員之間的共同紐帶。試問，不知道孔子、關公，不知道岳飛、文天祥，不知道辛亥革命、抗日戰爭，算得上是中國人嗎？我們敬重通西

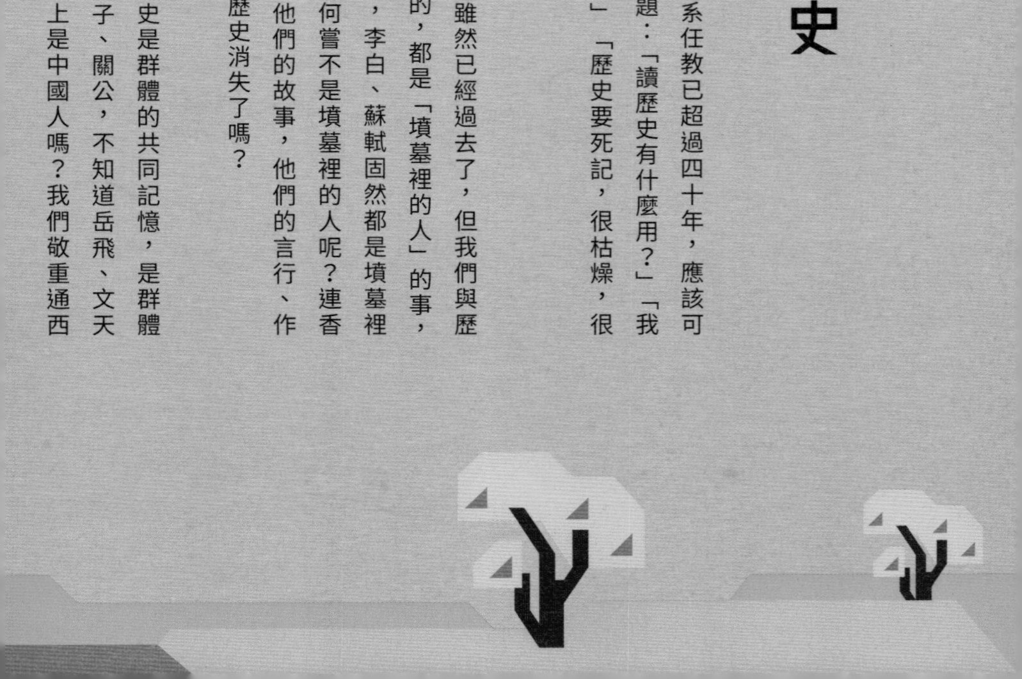

域的張騫，愛戴鞠躬盡瘁的諸葛亮，尊敬公正廉明的包拯，是為了自己嗎？不，這些歷史人物的言行品德，仍然活在我們之中，是我們的共同價值。

我們要記住歷史，必須記得基本的細節，但歷史已經消逝，細節逐漸被後人遺忘。歷史科的老師總希望學生記得更多細節，這些細節包括：人名、地名、年份、官名等等，對學生來說，卻是毫無關係的死物！學生覺得無謂而煩厭。歷史科的教法把歷史教死了！

我總覺得，老師不應該把歷史教死，而是要把歷史教活。怎樣教？講故事最有效，學生從故事中建立歷史知識，至低限度不會討厭歷史，因此從1983年開始，我與香港電台文教組合作，撰寫《中華五千年》劇本，以廣播劇方式講述中國歷史，寫了十五年，累計八百集。八百個歷史故事，成為不少聽眾的精神食糧。

三聯書店希望出版一套為小孩而編撰的圖畫本中國文化史，邀請我參加編排和撰稿，我欣然答應，因為我相信歷史文化教育，應該從吸引小朋友的興趣開始，這套簡單而充實的繪畫本，是新的嘗試，希望能夠為推廣歷史盡一分力。

——**張偉國**

序二　褟文浩

MINECRAFT 學歷史

近幾年，不少國家如瑞典、英國，已有學校將 Minecraft 放入他們的課程中，除了直接學習 Minecraft 外，也會與一些科目一起教，例如世界歷史，讓學生可以重建歷史現場，用第一身的角度去看待歷史事件的發生，然後加以討論，再做一個新的決定。這樣的教學方法，學生肯定印象比較深刻。

其實，除了學習歷史以外，其他學科也可以借助 Minecraft 的，例如學習地理，Minecraft 便可以重現不同的地理環境，方便學生理解。

說到底，Minecraft 除了是小孩非常喜愛的遊戲平台，它同時已經發展成一個充滿創意的虛擬學習平台，它最大的優點是可以令小孩子的參與度高，更容易投入，還可以培養團隊協作精神，甚至個人的領導才能。當然，這種邏輯思維訓練方式，對他們未來的人生以至工作，都是很有好處的。

我們的團隊最近做了一個 Minecraft 紫禁城，在伺服器上有三個遊戲關卡：第一關是播放歷史動畫、第二關是互動遊戲、第三關是用之前兩關所得到的歷史知識以及在 Minecraft 課本裡找一些提示及線索，然後回答問題，增加學習的部分。我們去了二十多家中小學分享，讓小孩子從中學習中國歷史，收到的回應都是非常正面的，學生很開心，又可以學到中國歷史。

這次可以與不同學者及插畫家合作，把Minecraft的威力用在學中國歷史上，實在令人興奮。因為只要引起小孩子的學習興趣，他們是會主動上網搜集資料，找尋歷史場景的不同角度及文字描述等，然後在建構過程中，又會不斷改進。

正如這次做中國八大場景，有些資料比較多，做起來也得心應手；有些資料則不多，而且網上資料有時也不一定準確，所以花了較多時間。不過，我們都視之為挑戰，好像佛像便特別難，因為它基本上有很多角和圓，如果用方塊做，便要考慮用多大的方塊呢？太大的話，顯示的細節便會少；太小的話，工程又會很浩大，所以要拿捏得當，並非易事。

還有這次出書，為了使視覺效果更好看，我們的團隊用了不少質感，或不同光暗，去營造氣氛，好像如何令水、天空及太陽變得像真的一樣，我們都下了不少功夫哩！希望大家喜歡！

如果讀者因為這本書而愛上中國歷史，我們便感到欣慰了。

—— 禤文浩

Koding Kingdom 創辦人

序三

高聲

近看中國之美

從前讀書時對中國的理解，僅限於歷史事件及語文課，好像魯迅、庖丁解牛等，從來沒有場景時的印象，這次有機會參與《中國八大場景》的插畫工作，令我有很深的感受。

原來近看中國，是如此之美。唐朝的色彩很濃烈、宋明的顏色又很不同，我甚至有衝動重畫一張《清明上河圖》，仔細看看宋時汴京的繁華，各式人等都在做甚麼。不過，很不幸，原來已有人做過了。哈！

說來慚愧，雖然我是讀設計及藝術的，但讀的都是西方藝術史，對中國的藝術卻是毫無認識。不知是否顏料退色的問題，看國畫總是看不

清似的，於是興趣缺缺。我現在才明白，國畫原來是要細看的，如果你知道畫中的背景及意思，看畫時的感覺便完全不同。因此我很享受在創作的過程中，在網上遊走，尋找不同畫面及資料時的樂趣。

今次應出版社的要求，用 Minecraft 的風格畫插畫，我相信會引起年輕人的興趣，因為這種畫風本身就充滿了生氣。同時亦證明了自己的可塑性，經過了八年平面設計師及創作插畫的生涯，我也有能力駕馭不同的風格及題材，為此我感到非常高興。

利用工餘時間，努力了兩個月，現在看到成果，那份成功感非筆墨可以形容，之前孤身作戰的寂寞已一掃而空。現在最大的期望是，另一本《香港八大場景》早日開工。同時，希望有機會認識一下素未謀面的 Minecraft 團隊及教授。好神秘的合作關係！哈哈！！

—— 高聲

目錄

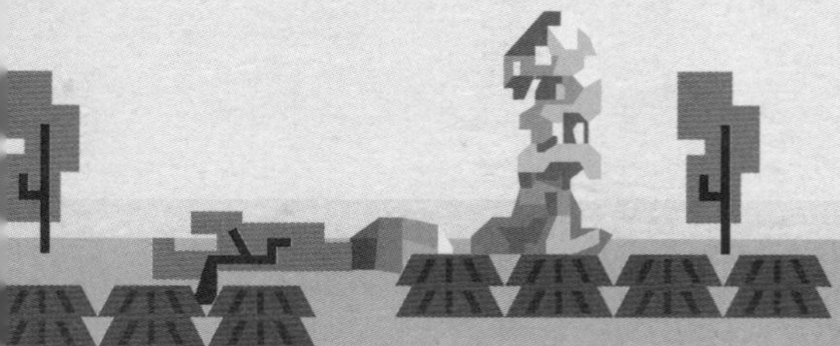

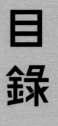

1 物質文明的進程

舊石器時期（穴居）

數萬年前的遠古，人類生活在惡劣的大自然環境之中，以捕魚、狩獵動物及採摘野果為生。他們必須忍受嚴寒、酷暑，為逃避毒蛇、猛獸侵襲，居住在天然的洞穴中，如北京周口店的「北京人」及西安的「藍田人」。後來他們懂得敲打石頭，製作鋒利的工具，及懂得用火。於是開始了我們所說的「舊石器時代」。

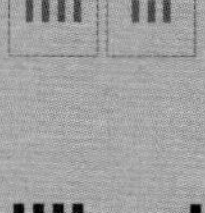

I 打磨石器

II 鑽木取火

III 火烤熟食

IIII 狩獵工具

第一章

3 — 物質文明的進程 —

新石器時期（半穴居）

約一萬年前，人類的祖先開始離開洞穴，在河岸上建造半穴式的房屋，他們懂得用泥土造成器皿，燒製陶器，以存放剩餘的糧食；他們把石器磨得光滑，方便使用，這就是我們所說的「新石器時代」。種植穀物是當時的主要糧食來源。

火，不但可以把食物弄熟，也可以照明、驅趕野獸及保暖，祖先們的生活因此大為改善。

先民在地面挖土坑，然後在土坑上蓋屋頂，便造成了半穴式的房屋，從此便可以在更有保護的環境下生活。

人類祖先最重要的技術，就是懂得用火。最初的火苗是大自然的山火，後來才懂得鑽木取火的技術。

工具箱

87	44:3	4	1	170	5:1	17:1	17
Netherrack	Cobblestone Slab	Cobblestone	Stone	Hay Bale	Spruce Wood Plank	Spruce Wood	Oak Wood

新石器時期（半穴居）

中國新石器時代最典型的陶器，是三足空心的煮食器具，稱為「鬲」。鬲是象形文字，祖先們在三足下生火，把器皿內的食物加熱、煮熟，實在非常有智慧啊！

中國地方遼闊，不同地方有不同形狀花紋的陶器，圖中是西安的半坡人面魚紋陶盆，紋飾簡單，屬中原的仰韶文化。

甘肅的彩陶陶壺，紅黑兩色相間（圖案多為旋渦紋或水波紋），實與當地的礦物顏料有關，屬東北的紅山文化。

後來各地文化逐漸融合，形成以中原為核心的龍山文化。圖中的黑陶杯是其代表作，由於黑陶陶胎較薄，有光澤，質地堅硬，故耐火極高；不過，因為造工精細，多用作禮器，而非日用器皿。

新石器時期晚期（農耕）

從舊石器時期到新石器時期，最大的不同是人類開始懂得畜牧及耕種，以取代漁獵及採摘野果，生活逐漸穩定，人口增加，從此人類部落應運而生，住屋也完全搬到地面，生活得到更大的保障。

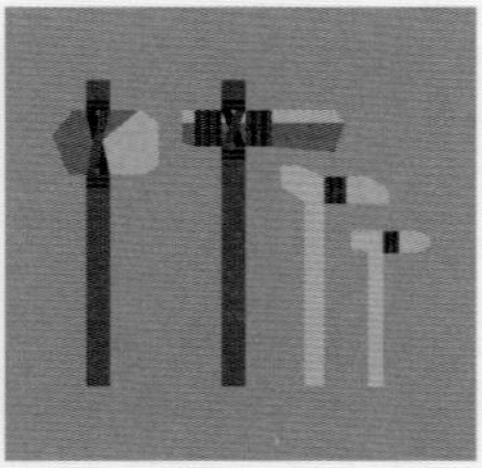

北方農具

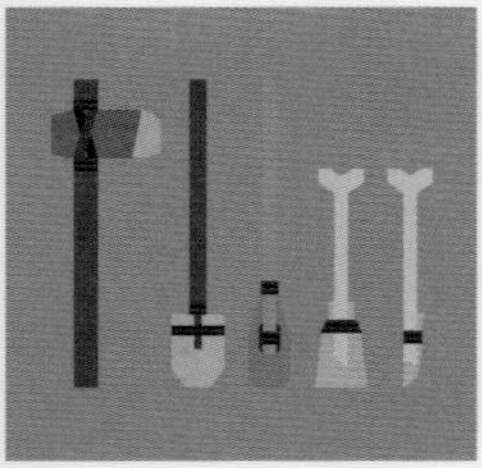

南方農具

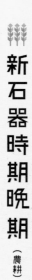

五穀
稻、麥、黍、稷、粟

六畜
馬、牛、羊、雞、犬（狗）、豕（豬）

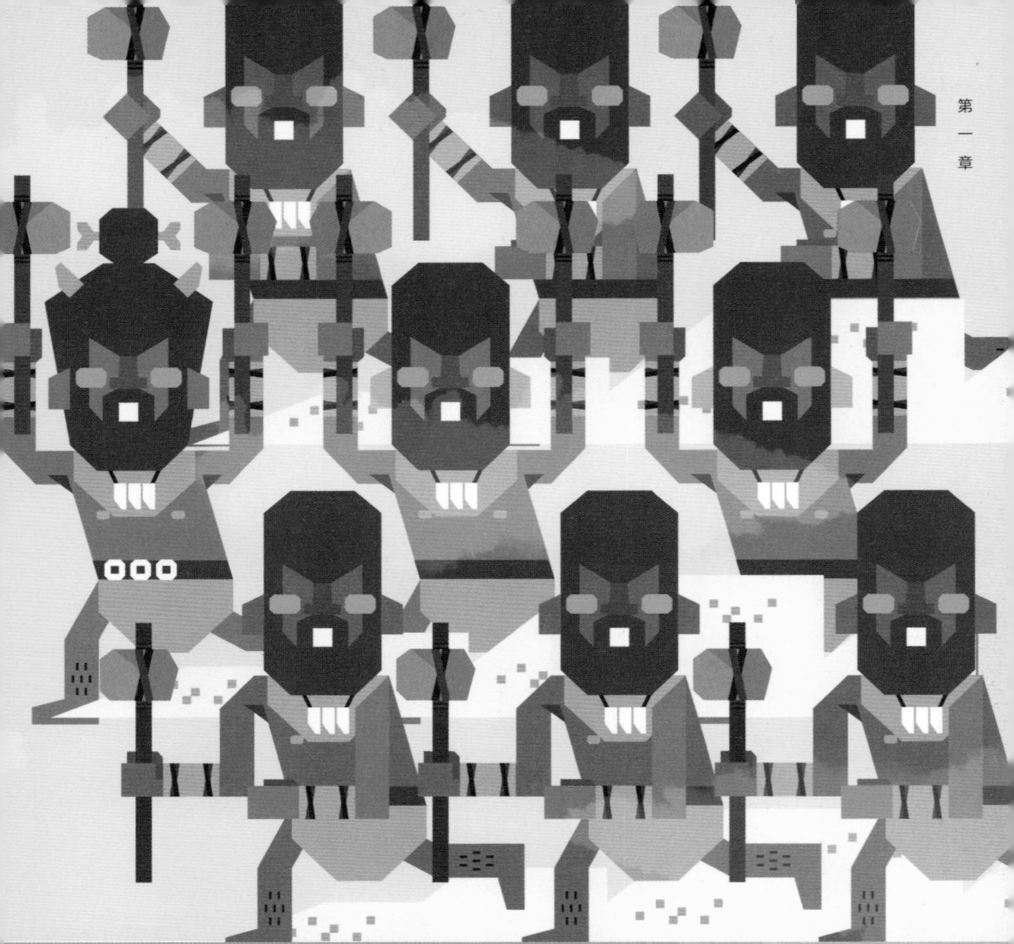

黃帝蚩尤之戰

中國古代傳說中，有軒轅黃帝率領各部落打敗恃強凌弱的部落首領蚩尤的故事，這是新石器時代末期的一場部落大戰。因為黃帝懂得用指南車，在迷霧中指示方向，結果戰勝強敵。據說，黃帝時文化已很昌盛，已懂得建造大型房屋、造舟車、計算曆法、掌握天文、製作樂器、養蠶取絲及創造了文字。不過，這都是傳說罷了。

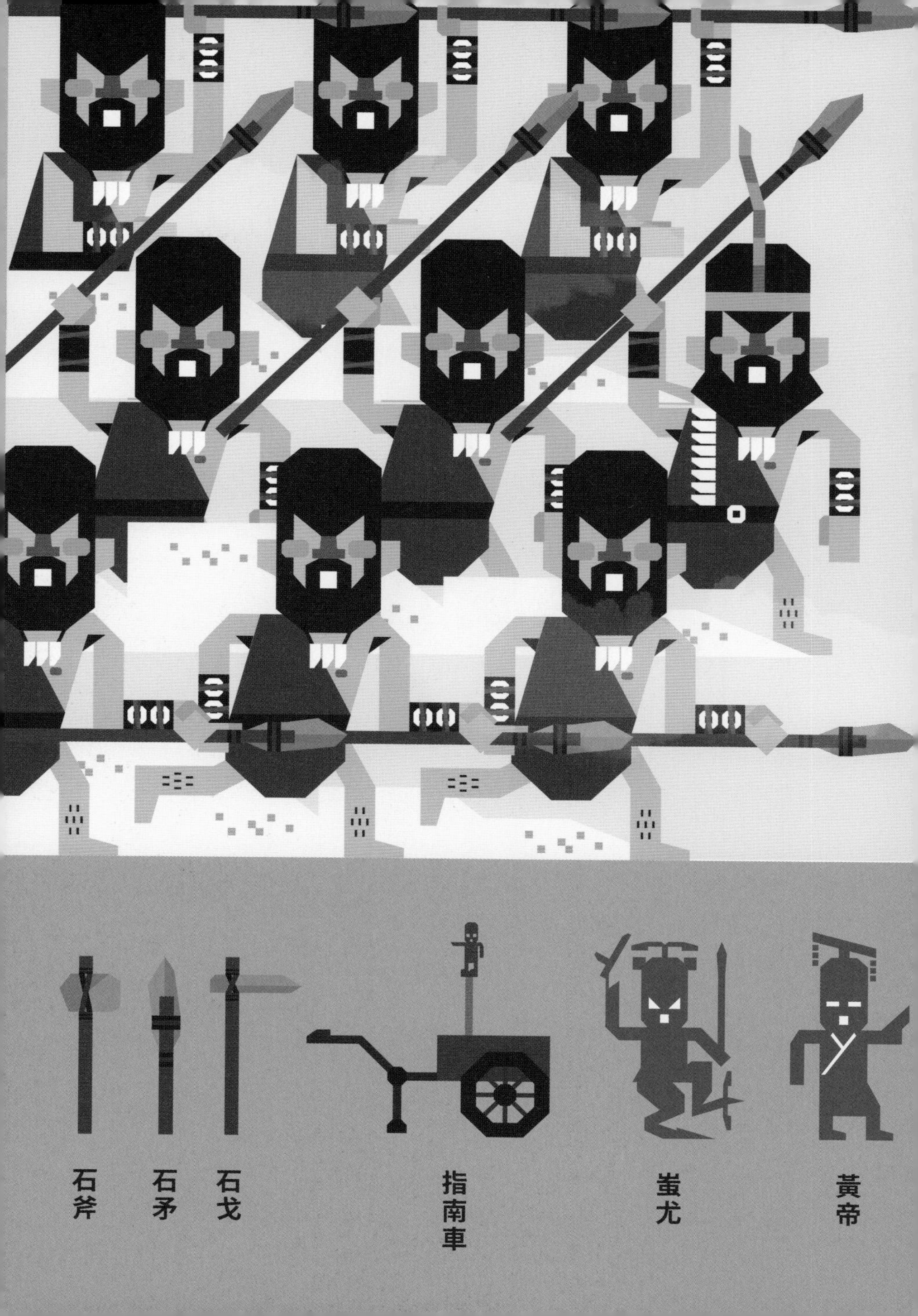
石斧
石矛
石戈
指南車
蚩尤
黃帝

第二章

2 王權的建立

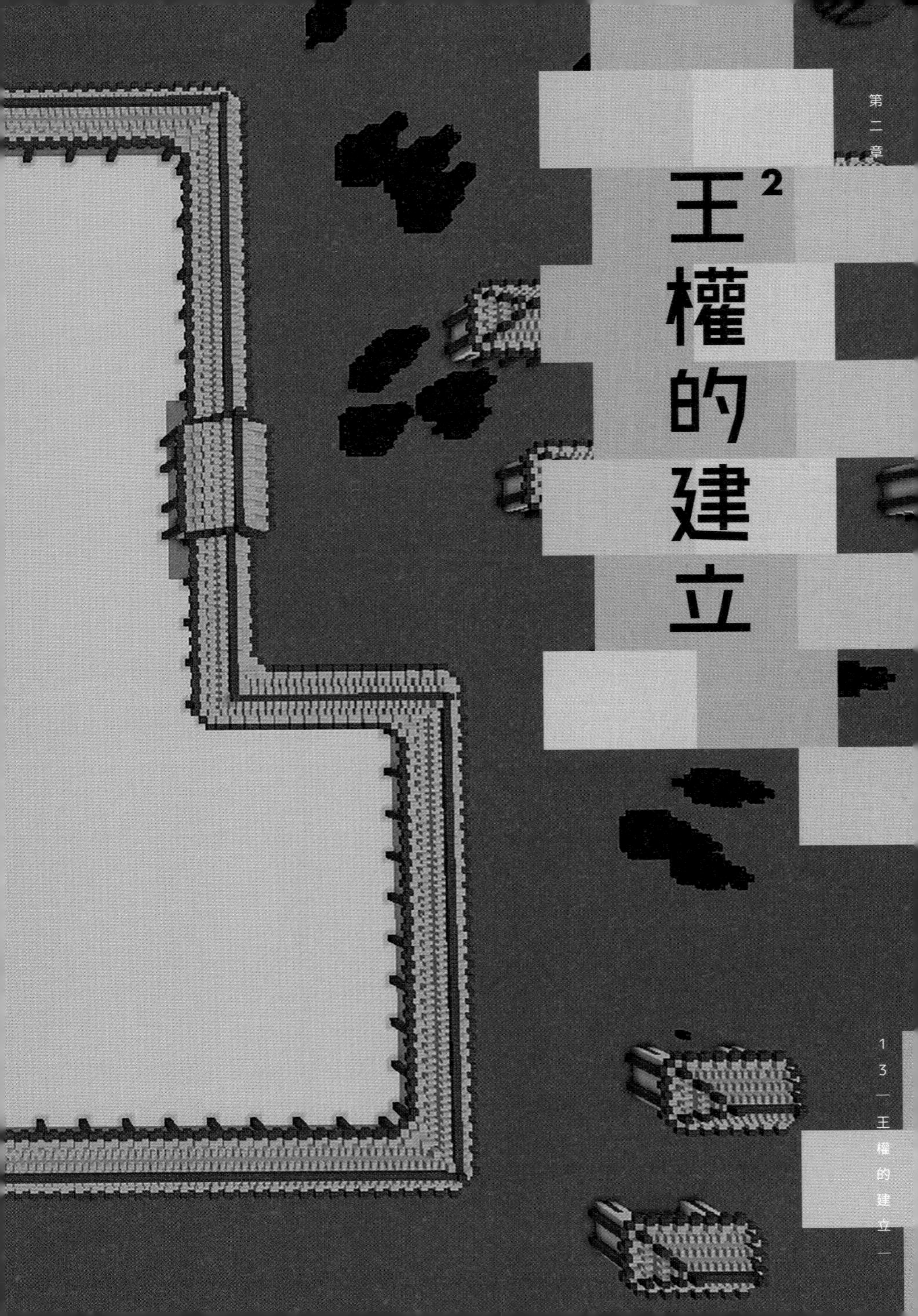

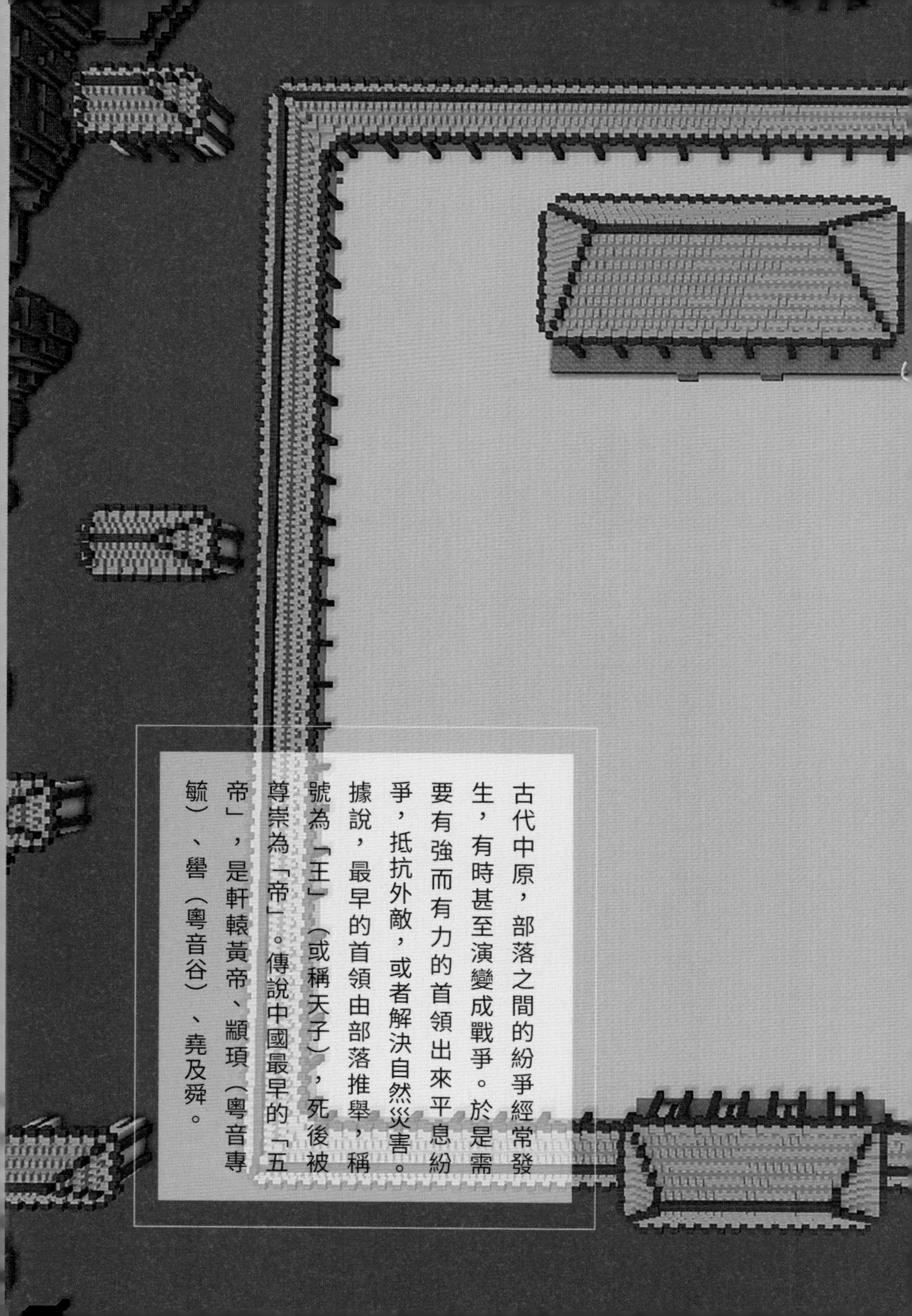

古代中原，部落之間的紛爭經常發生，有時甚至演變成戰爭。於是需要有強而有力的首領出來平息紛爭，抵抗外敵，或者解決自然災害。據說，最早的首領由部落推舉，稱號為「王」（或稱天子），死後被尊崇為「帝」。傳說中國最早的「五帝」，是軒轅黃帝、顓頊（粵音專毓）、嚳（粵音谷）、堯及舜。

殷墟是中國歷史第一個發現文字的都城，它的佈局嚴整，以宮殿宗廟為中心，然後由王室墓地、聚落、甲骨窖穴、手作坊等包圍。

殷商遺址

堯、舜時期，中原發生洪水災禍，最後由夏禹成功疏導，於是被推舉為王。從此禹的子孫世代為王，建立了中國歷史上第一個王朝——夏朝。數百年後，夏朝衰落，中原東方的商部落逐漸強大，首領商湯率領諸侯，打敗夏朝暴虐、嗜酒的暴君桀，被推舉為王，建立了商朝。殷墟（今河南省安陽市）便是商後期的都城。

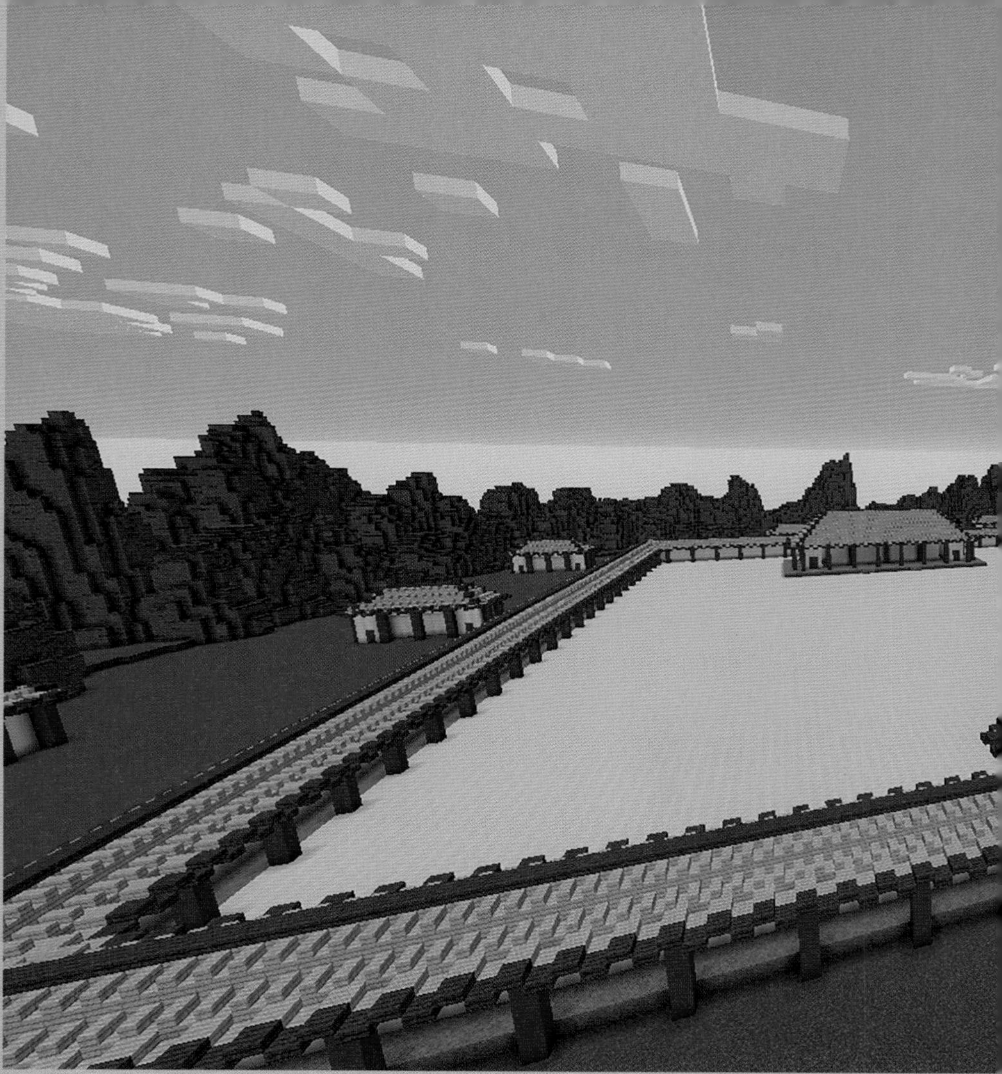

工具箱

17:1	17	126:5	126:4	5:4	5:3
Spruce Wood	Oak Wood	Dark Oak Wood Slab	Acacia Wood Slab	Acacia Wood Plank	Jungle Wood Plank

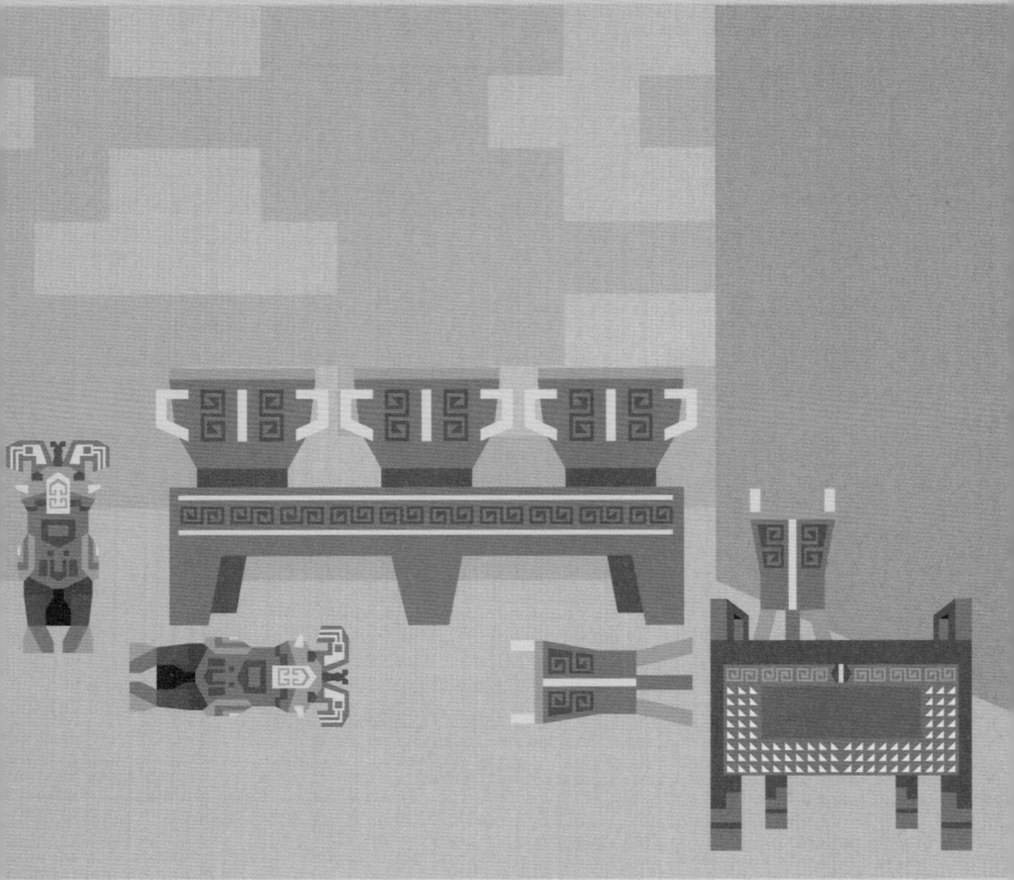

婦好墓

婦好，是商王武丁的其中一位王后，曾經領兵征伐，是古代的女中豪傑，死在征戰途上、武王懷中，死時只有三十出頭。在婦好墓中，出土了大量製作精美青銅器及武器，而青銅器正是王權的象徵，都是祭祀天神或祖先的用品。

婦好墓中的青銅鴞尊（貓頭鷹形狀的酒器），商武丁王的墓內也有一尊，證明婦好甚得武丁王寵愛。

商朝人遇到大事，都會由巫師向天神或祖先問卜，在龜板或牛髀骨上寫上詢問的內容，然後在旁邊鑽孔，再在孔中用火炙燒，看裂紋方向決定吉凶。這些刻在甲骨上的文字，稱為「甲骨文」，是中國已發現最早的文字。已出土的甲骨中便有不少與婦好有關。

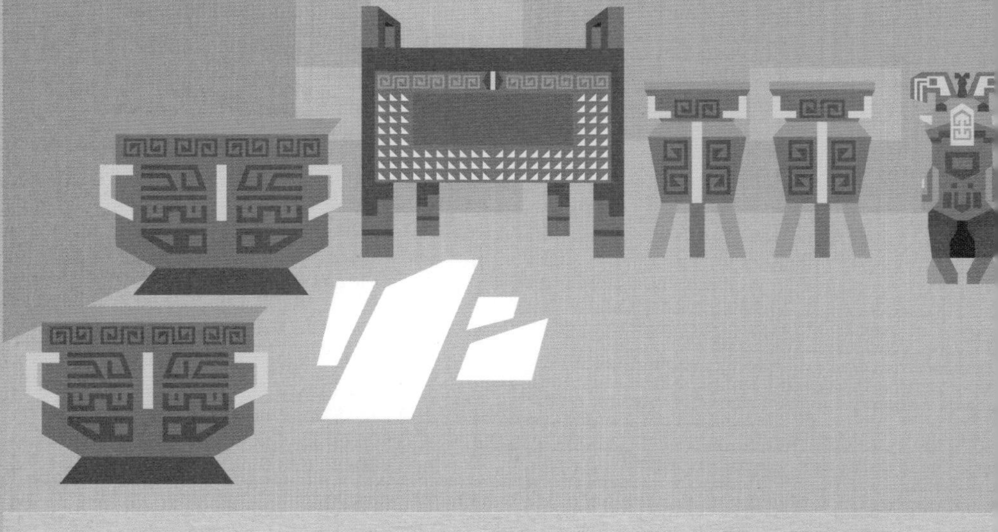

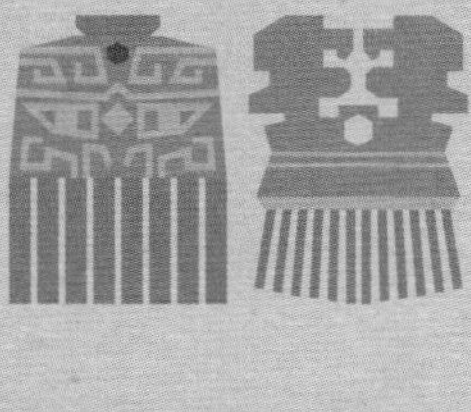

婦女墓中有五百枚頭飾，正代表她的女性身份。

婦好墓中的青銅器—鼎，重一百四十七斤。鼎邊有三行排列整齊的乳釘紋，四足上有雷紋，是祭祀用途。

婦好墓中的青銅鉞，它既是兵器，也是權力的象徵，代表她曾掌兵權。

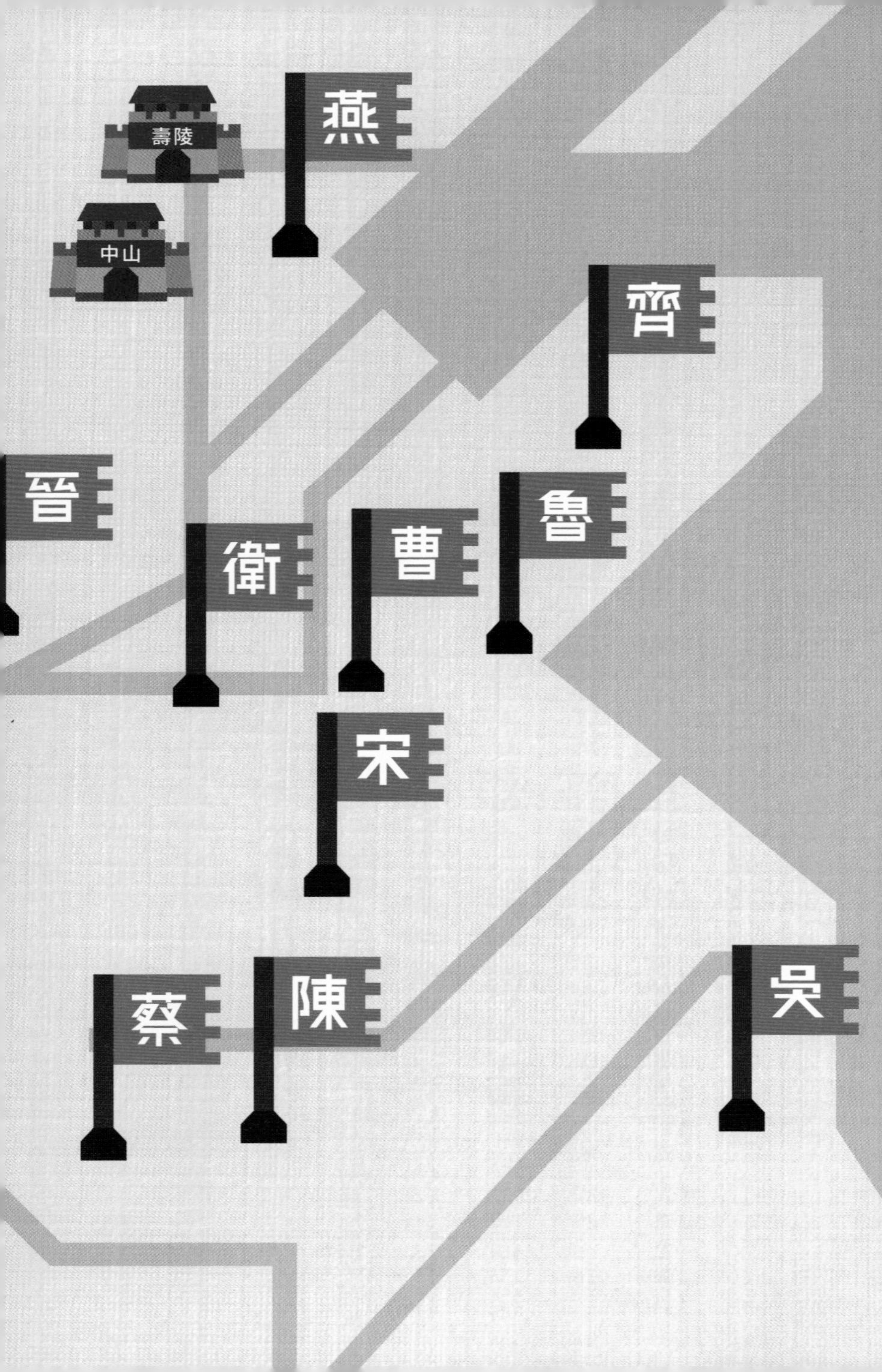
燕
壽陵
中山
齊
晉
衛
曹
魯
宋
蔡
陳
吳

周武王革命及分封

強大的商朝不斷向外擴張，國力損耗，紂王非常自負，不聽大臣勸告，殺人立威，於是人心叛離，終被西方（今陝西省西安附近）的農耕小國周所取代。周武王和弟弟周公旦，平定了商朝後，把宗室成員及功臣分封到東方的戰略要地，以方便管治。

孔子周遊列國

孔子出生在魯國，但魯國政治混亂，他鬱鬱不得志。三十歲那年便與弟子到其他國家遊歷，尋找施展抱負的機會。孔子勸王者用仁政德治。他先後到過衛、曹、宋、陳，又欲西往晉及南往楚，可惜不是所到之君主大臣都對他的主

張不感興趣，便是因為戰亂而被迫折返。孔子周遊列國十四年，到了八十多個地方，最後返回魯國，把古代的文獻和歷史編撰成書，是為儒家五經：《詩》、《書》、《易》、《禮》及《春秋》，成為日後中國考試教材千年之久。他又專注教學，據說有三千學生，建立了儒家學派，終成為影響中國文化深遠的「萬聖先師」。

秦國東進

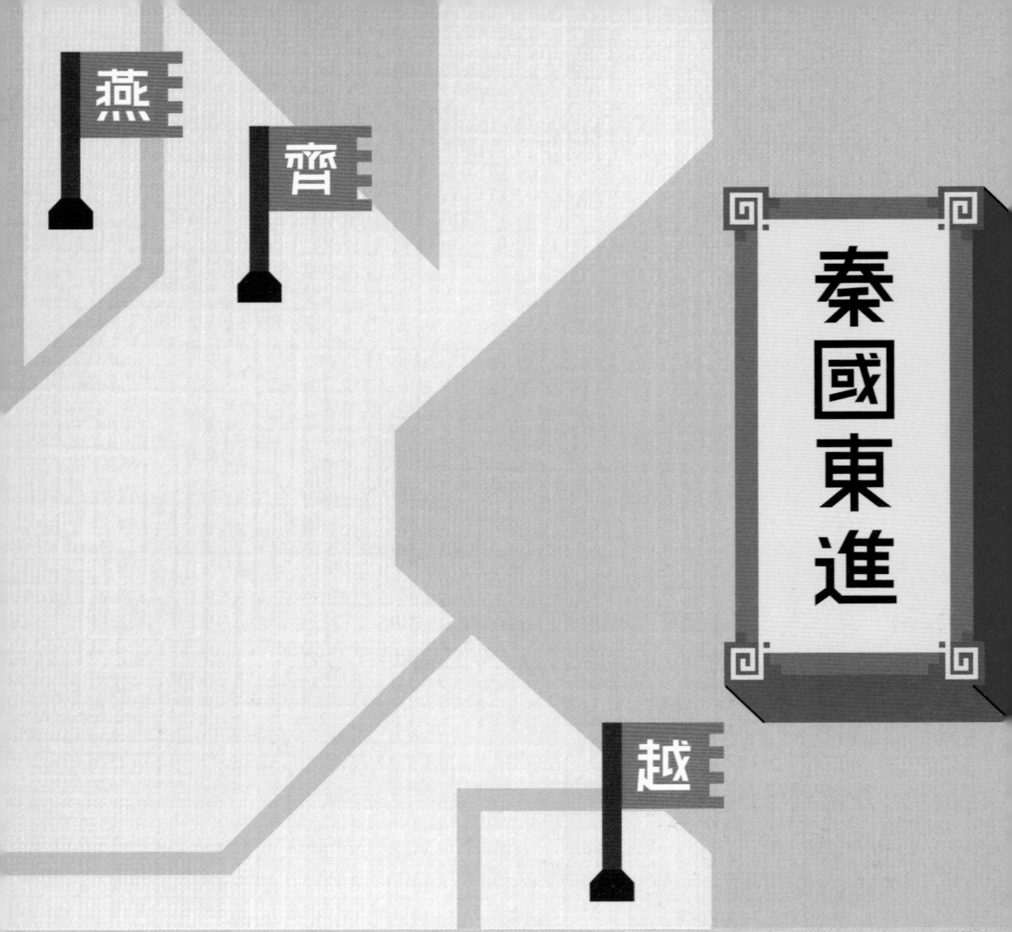

一 二

一 秦人俑

二 秦國國力奠基者商鞅

秦國的先祖因為養馬有功，及善駕車而被周王室封為諸侯。由於封地位處西方邊陲，與西戎為鄰，肩負有抗戎的任務。秦王利用聯親的懷柔政策，再等候機會出兵，成功伐戎以擴闊版圖。秦王歷經了四百多年、二十多代，一直意圖東進稱霸。他們採取遠交近攻的策略，先滅鄰近的韓、魏、趙，接著滅楚，最後滅燕及齊，成功統一六國。

3 秦漢大一統

中原大地經歷了春秋戰國五百多年的爭霸兼併，諸侯數目由數百個減少到十多個。各強國為了增強國力，都把「富國強兵」作為治國最重要的目標。方法是改變舊制度，廢除貴族食邑，開放平民參政，建立法律，編列戶口，然後按戶徵兵徵稅，實行中央集權等，史書上稱為「變法」。

戰國時代變法最成功的國家是秦國，秦孝公用衛國人商鞅進行變法，使秦國國力大增。秦國廢除井田制，開放土地擁有權，吸引各國人民入秦開墾荒地；又得到水利專家協助，建設灌溉水利工程，使糧食物資更豐足；加上秦國原有的騎兵戰鬥力，於是秦國成為最後的勝利者。

工具箱

24:2 Smooth Sandstone	24:1 Chiseled Sandstone	24 Sandstone	109 Stone Brick Stairs	44 Stone Slab	4 Cobblestone	1 Stone

秦軍事優勢

秦軍以要求嚴格、武器精良而聞名。例如所用的遠程兵器「弩」，射程可達一百五十米，比弓的威力大得多；他們亦懂得解決青銅製兵器的技術問題，令其既堅硬又不易折損。秦的戰車騎兵，更是其餘六國難以匹敵。最重要的是，秦人地近西戎，受其影響，士兵作戰能力亦較強。

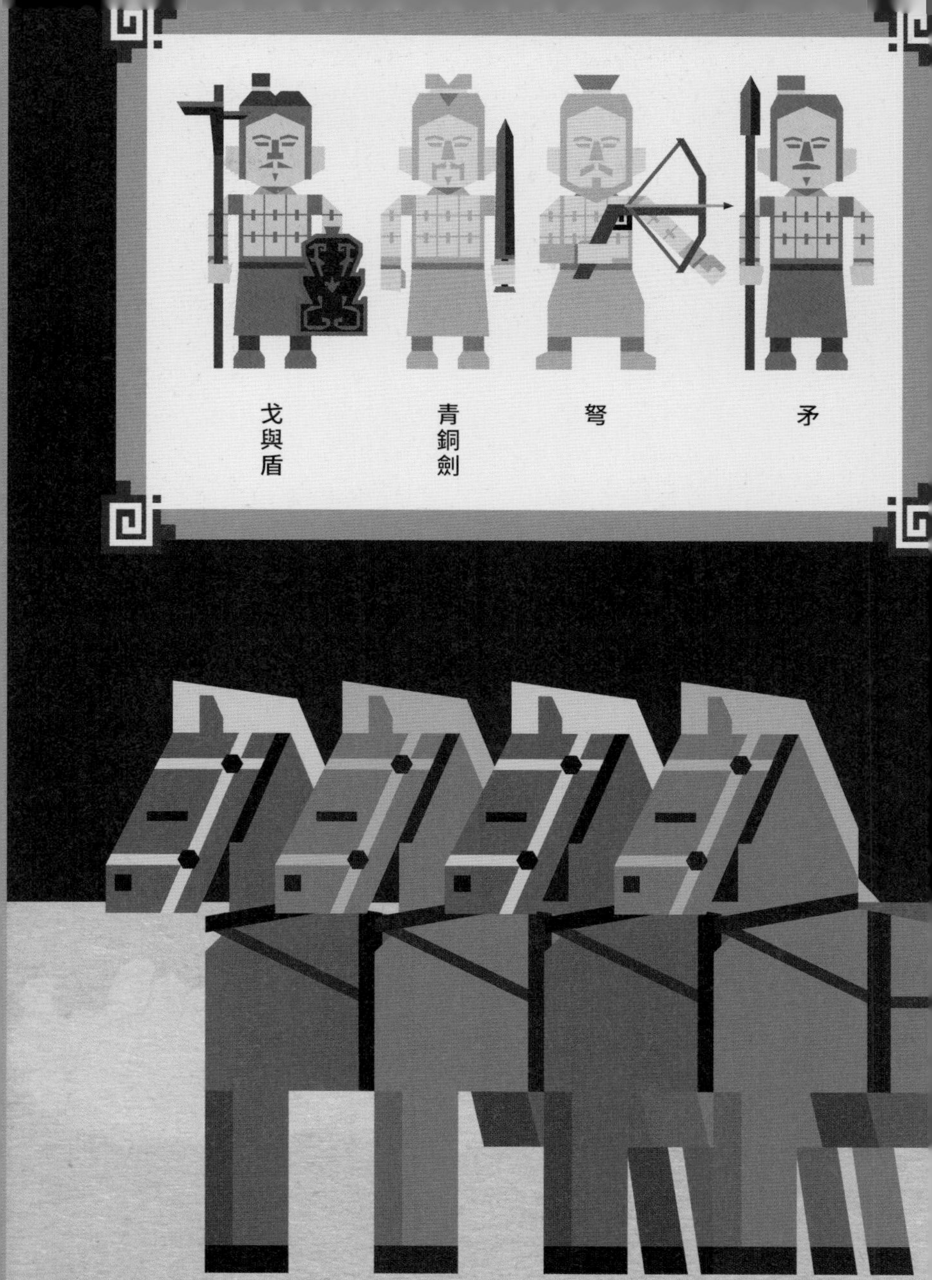
戈與盾
青銅劍
弩
矛

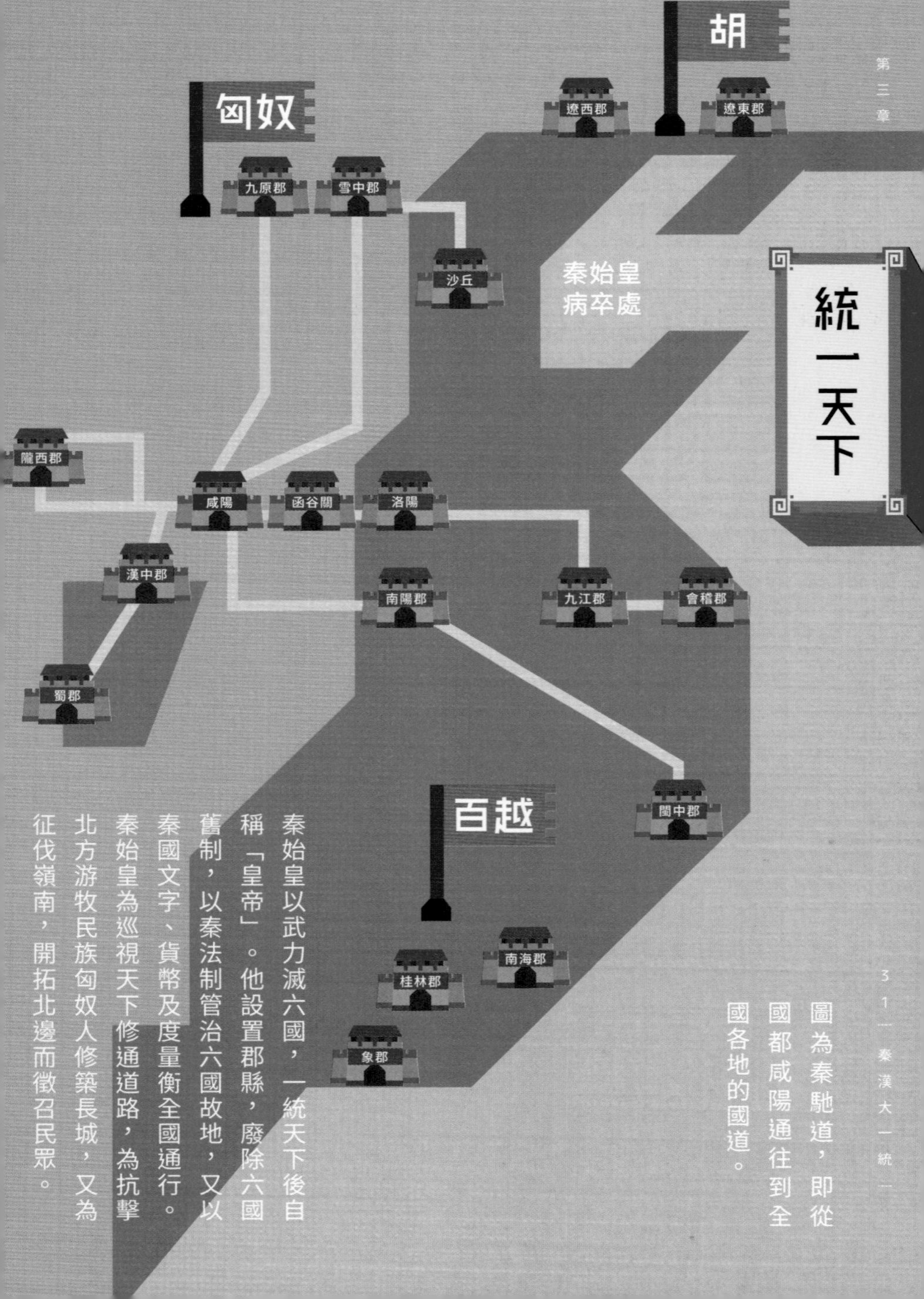

秦始皇以武力滅六國，一統天下後自稱「皇帝」。他設置郡縣，廢除六國舊制，以秦法制管治六國故地，又以秦國文字、貨幣及度量衡全國通行。秦始皇為巡視天下修通道路，為抗擊北方游牧民族匈奴人修築長城，又為征伐嶺南，開拓北邊而徵召民眾。

圖為秦馳道，即從國都咸陽通往到全國各地的國道。

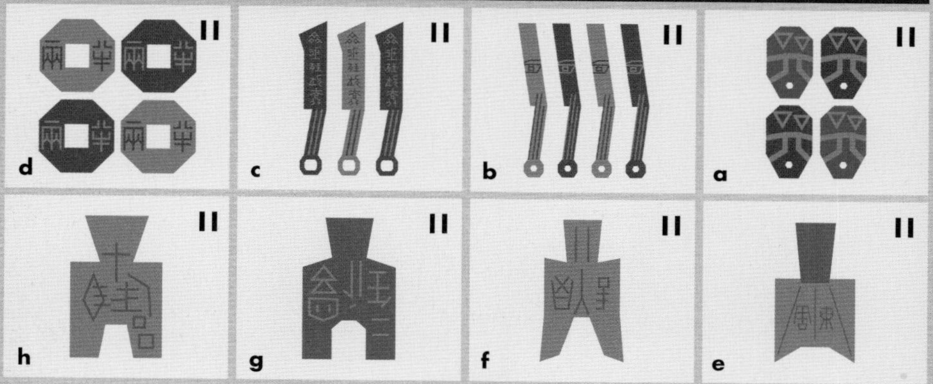

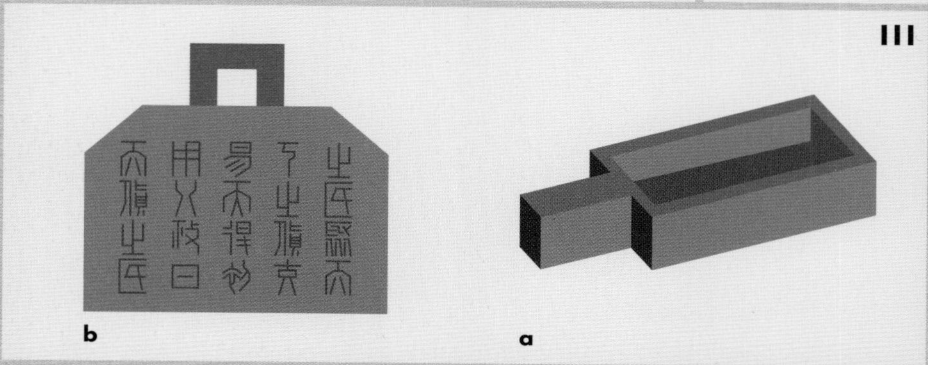

I 秦文字（小篆）

解讀：

皇帝立國，

維初在昔，

嗣世稱王。

II 各國貨幣

a 楚蟻鼻錢

b 燕刀幣

c 齊刀幣

d 秦半兩

e 東周空首布

f 趙尖足幣

g 魏圓跨布

h 韓方足布

III 秦度量衡

a 秦方升

b 秦權

楚漢相爭

秦始皇死後，秦發生權力鬥爭，趙高、李斯立始皇少子胡亥為二世皇帝，假詔殺長子扶蘇。東方六國遺民不滿秦朝徵召勞役，爆發陳勝、吳廣領導的安徽大澤鄉起事，六國豪強紛紛起兵反秦，天下再次大亂。反秦領袖之中，楚國貴族出身的項羽及平民出身的劉邦最有影響力。項羽擊敗秦將章邯、王離，成為反秦豪傑的盟主。劉邦率眾率先攻入秦都咸陽，但未敢稱王；待項羽率領大

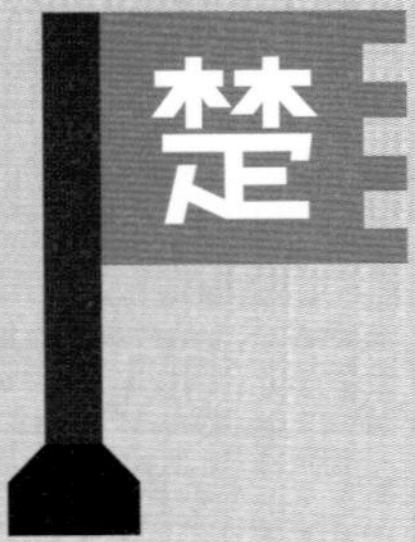

軍入秦，自稱「西楚霸王」，分封諸將為王，劉邦被封為漢王。各地豪傑不滿項羽分封不公道，齊、趙起兵反抗，漢王劉邦也乘機起兵，於是展開為時五年的楚漢相爭。結果漢王劉邦卻聯同齊、趙、梁、九江等地方勢力打敗項羽，建立漢朝。

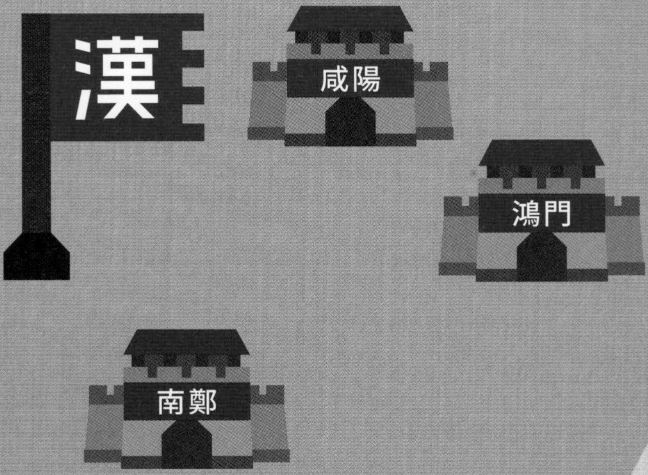

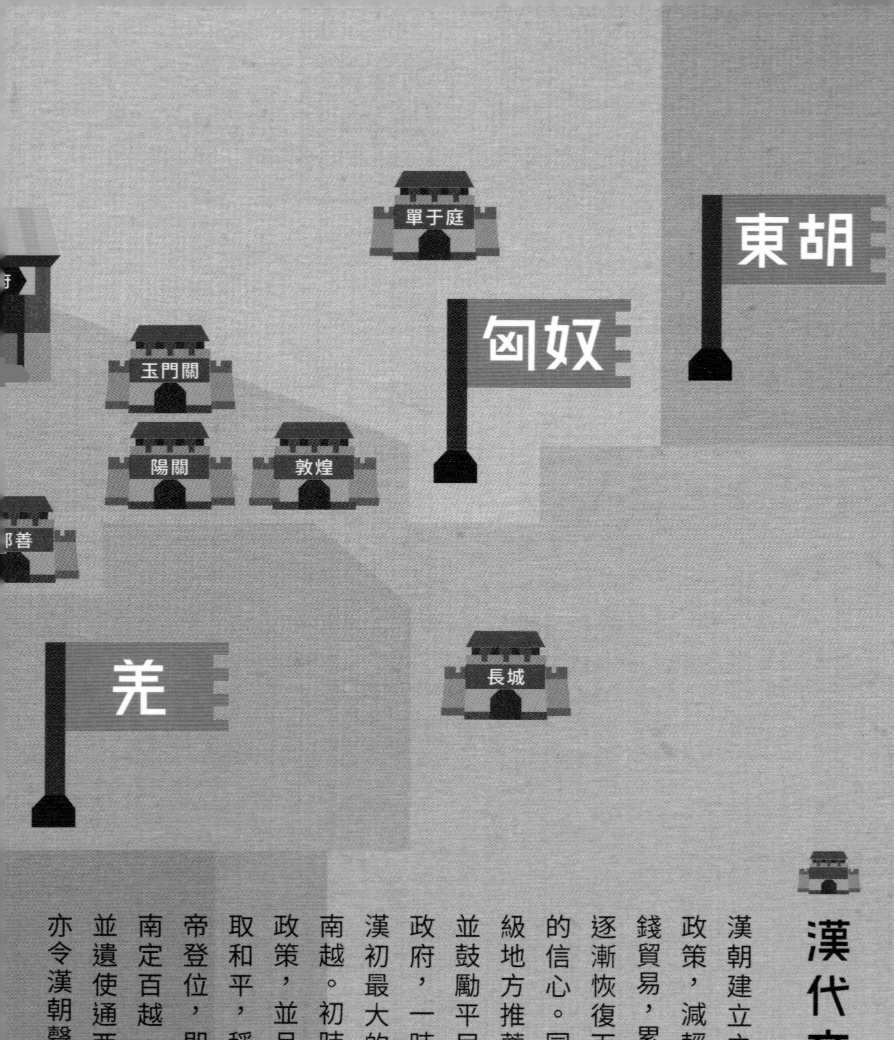

漢代文治武功

漢朝建立之後，初年實行休養生息政策，減輕稅收，容許民間自由鑄錢貿易，累積財富，取消苛政嚴刑，逐漸恢復百姓對朝廷（中央政府）的信心。同時又採取察舉制，由各級地方推薦德才兼備的民間人才，並鼓勵平民上書自薦，形成了士人政府，一時人才濟濟。武功方面，漢初最大的外敵，北有匈奴，南有南越。初時漢朝尚採取防守及容忍政策，並且以財物、姻親結盟以換取和平，稱為「和親」。到了漢武帝登位，即主動出擊，東討朝鮮、南定百越、平西南夷、征服西羌，並遣使通西域，不但令版圖擴大，亦令漢朝聲威遠播。

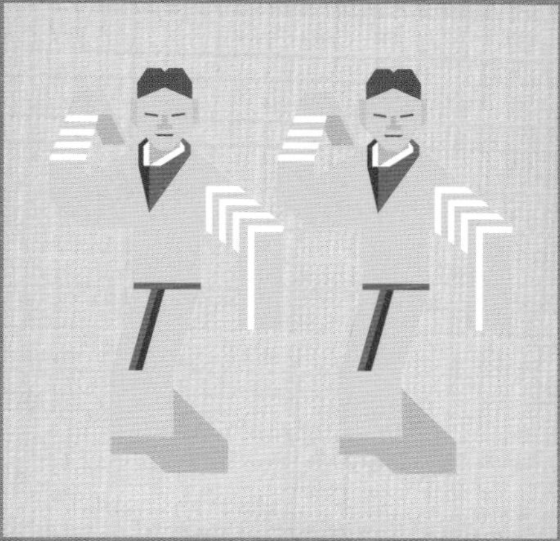

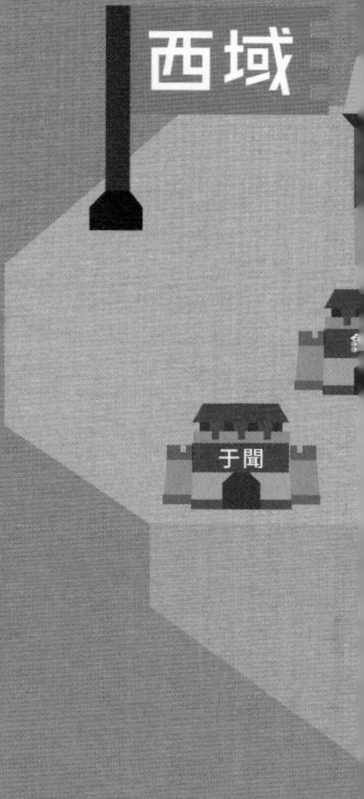

I
II
III

I 漢俑姿態柔美

II 黃綺地乘雲繡

III 漢漆器

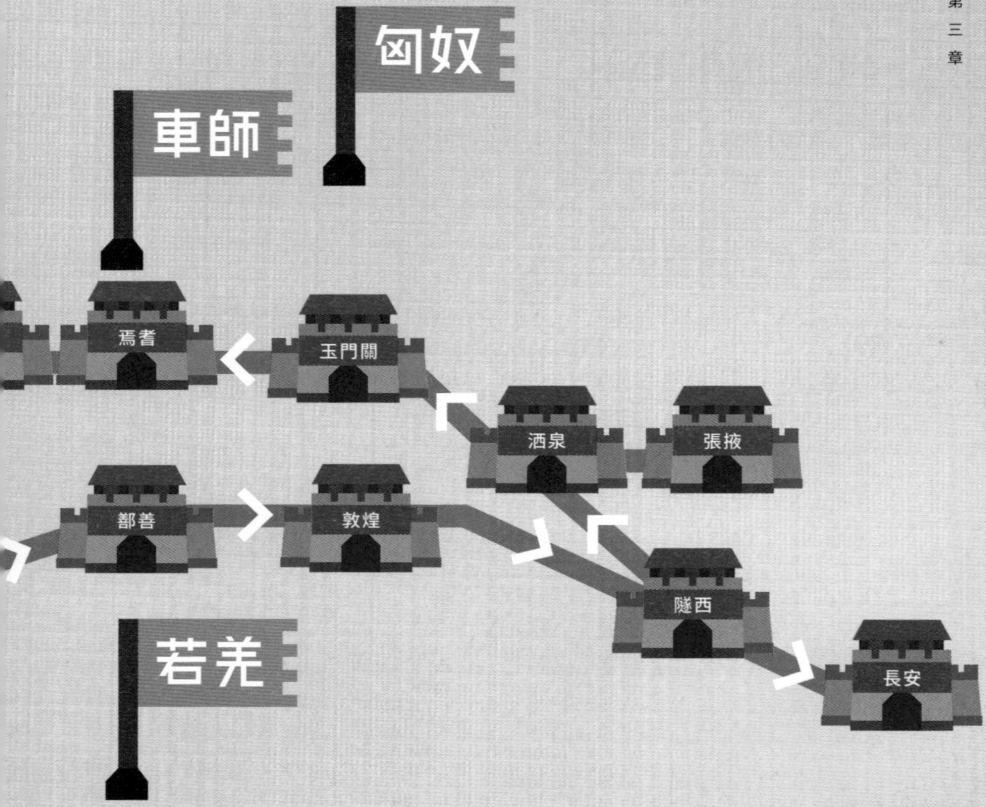

張騫通西域

漢武帝派遣張騫出使西域諸國，目的與大月氏（音大肉支）結盟，合力對付匈奴。張騫雖然被匈奴拘留十多年，但終於逃出，完成任務，不辱使命，把西域情況報告漢武帝。自此西域與中原往來頻繁，中西文化交流從此展開，不但中亞物資如胡麻、胡蘿蔔、毛織品、胡服、胡樂、駱駝、血汗馬、瑪瑙等進入中國，中國也出口大量絲織品到西域國家，因此這條路線便被稱為「絲綢之路」。

裏海
鹹海
康居
巴爾喀什湖
大宛
烏
大月氏
貴山城
疏勒
鑒氏城
于
大夏
坦義始羅
張騫路線
張騫副使路線
出口絲綢
出口青銅器
入口血汗馬
入口葡萄

4 佛教東傳

漢朝的大一統，維持了四百多年，到了後期，由於政治腐敗，外戚和宦官爭權，正直之士被排擠，官吏貪污越來越嚴重，地方豪強橫行不法，貧富越來越懸殊，老百姓生活非常困難。人們無法解脫現實的痛苦，唯有寄情於宗教信仰，希望得到神靈的庇佑，消除苦難。漢朝的宗教有兩大系統，一是源於中原本土的道教，二是來自印度、西域的佛教。

釋迦牟尼

佛教源於印度，創立者釋迦牟尼原來是一位王子，他感觸世人受生老病死之苦，毅然拋棄榮華富貴，在窮苦大眾之中生活，沉思脫離苦海的方法，終於在菩提樹下悟道，得知一切苦難皆源於情慾，捨棄情慾，才可以真正解脫，無苦楚災難。釋迦牟尼的學說在天竺（印度）廣為傳播，逐漸傳至西域。據說，漢武帝時，佛教已傳到中原，但要到東漢明帝時，才廣為流傳。當時，佛教被視道家其中一派，稱為浮屠道。

漢末天下大亂，最初群雄割據，接著三國鼎立，然後是晉朝八王之亂，連續百年的戰亂和政局動盪，人們朝不保夕，佛教的基本教義正是從解脫苦難出發，教導人如何面對無常、不安穩，斷除所有執著，以脫離輪迴之苦。

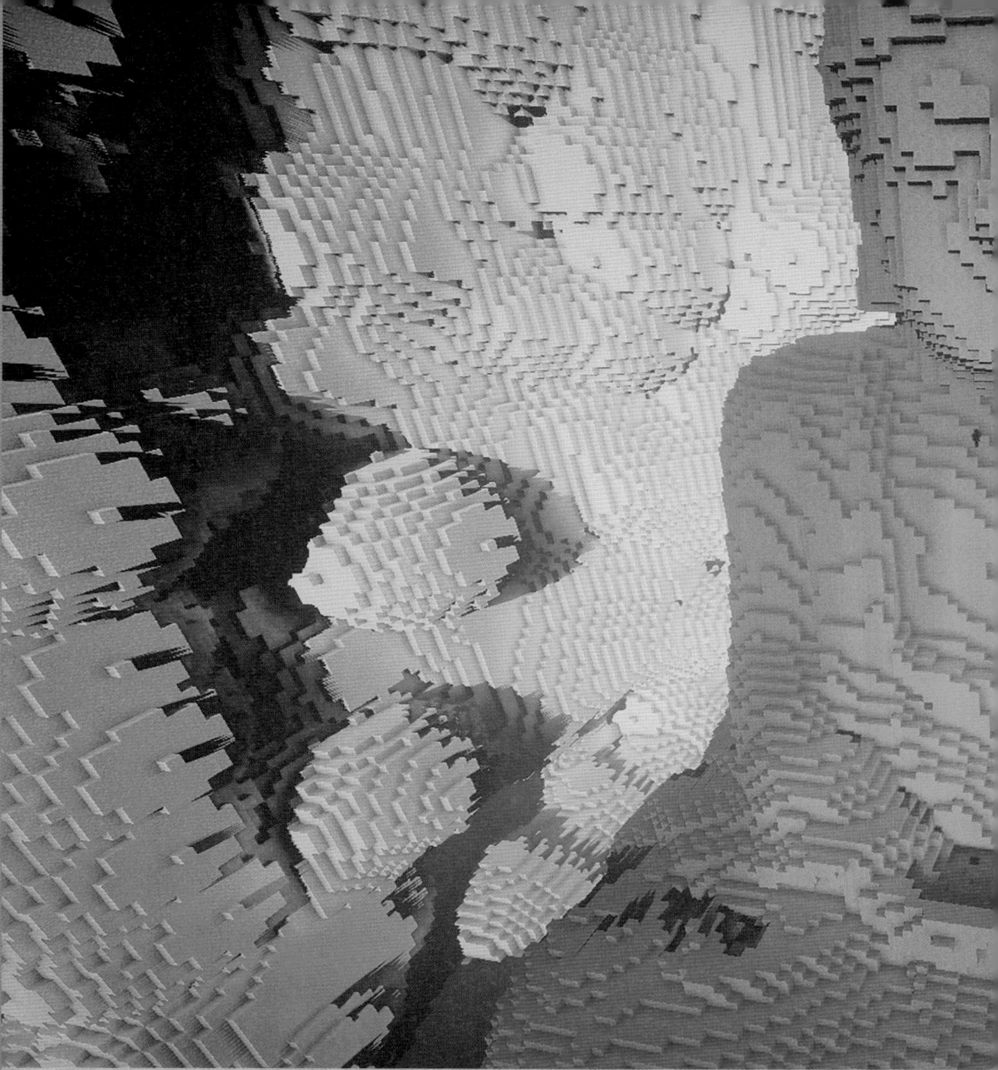

工具箱

- 24.2 Smooth Sandstone
- 24:1 Chiseled Sandstone
- 24 Sandstone
- 182 Red Sandstone Slab
- 181 Double Red Sandstone Slab
- 180 Red Sandstone Stairs
- 179:2 Smooth Red Sandstone
- 179:1 Chiseled Red Sandstone
- 179 Red Sandstone

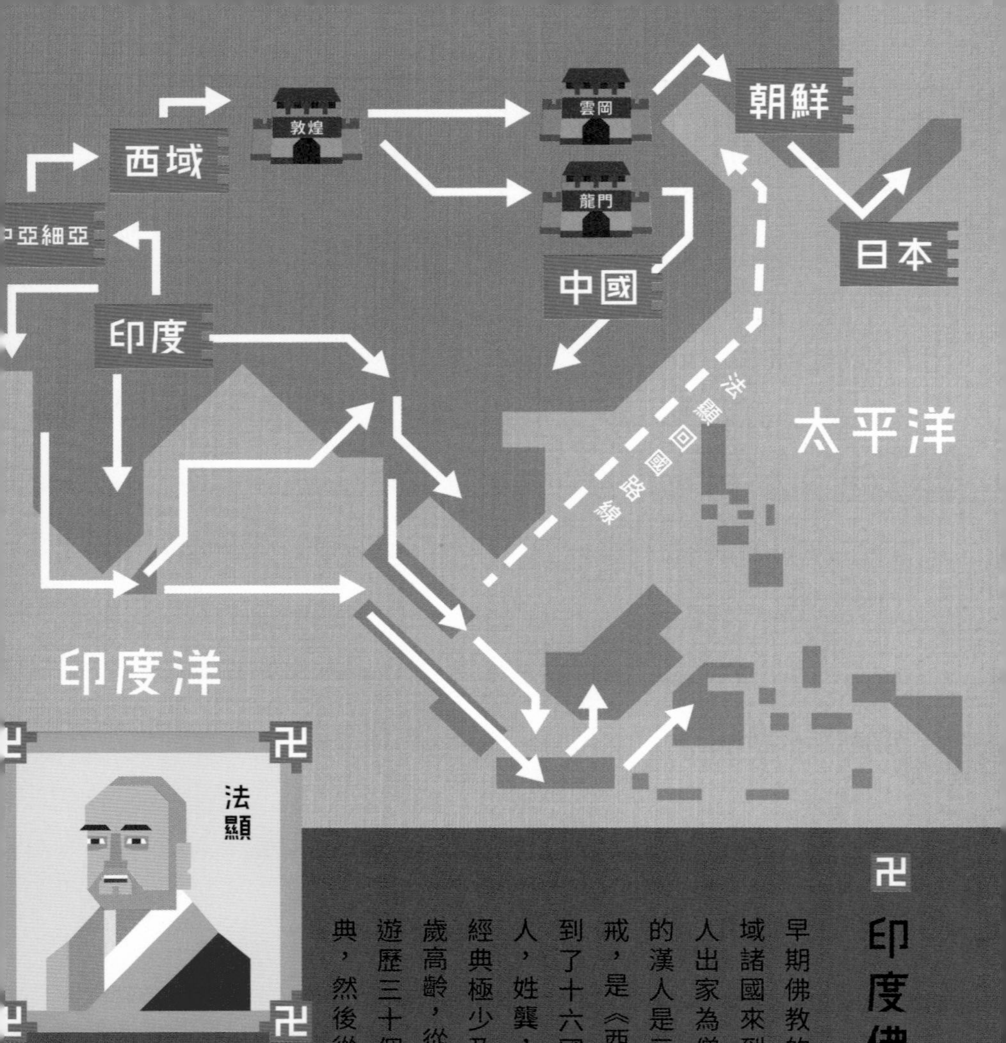

印度佛教東傳

早期佛教的僧人，多數是從天竺、西域諸國來到中原傳道的高僧，中原漢人出家為僧的不多。最早有記錄出家的漢人是三國時期的朱士行（法號八戒，是《西遊記》裡朱八戒的原型）。到了十六國、東晉時，法顯（今山西人，姓龔，三歲出家）深感佛教大乘經典極少及戒律不全，於是在六十二歲高齡，從長安出發，經西域至天竺，遊歷三十個國家，收集了大批梵文經典，然後從海路返回中國，前後歷時十四年。法顯是往天竺學法取經而留下記載的第一人，著有《佛國記》，為日後同樣往天竺取經的玄奘帶來影響。

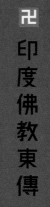

阿富汗巴米揚佛像（已毀），是受希臘風格影響的佛陀形象，雕像更寫實些，人體結構更精準。

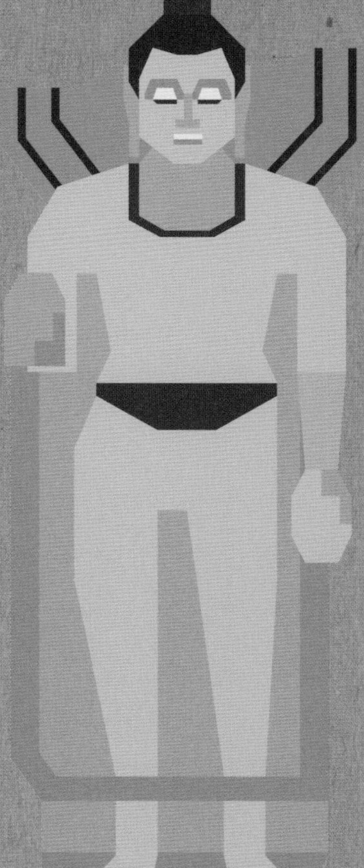

印度佛像容貌高鼻深目，有印度北部人的特徵，衣袍簡樸，只有衣紋線條緊貼身軀，這是配合印度炎熱的天氣和佛祖釋迦修行時的刻苦簡樸生活。

敦煌壁畫（西魏時期）

敦煌早期佛像（十六國北涼）

敦煌莫高窟

佛教從西域傳入中原，僧人最先抵達河西走廊西端的敦煌，在敦煌等待前往中原的機會。十六國的前秦時期，僧人樂傳開始在敦煌的三危山下開鑿石窟，作為修行之地，稱為莫高窟，其後經北魏、北周、隋、唐、五代數百年不斷增闢，有大小石窟數百個，石窟內有大量石刻佛像、壁畫、泥塑造像，並藏有唐宋佛經和文書，現在絕大部分藏於外國博物館。敦煌石窟是中國古代的佛教藝術寶藏，也是世界文化遺產。

莫高窟內的盛唐佛像，面部飽滿，容貌更像漢人，身形比例勻稱，減少身軀裸露，已經完全擺脫此前佛像偏重頭部、體形僵硬的感覺。

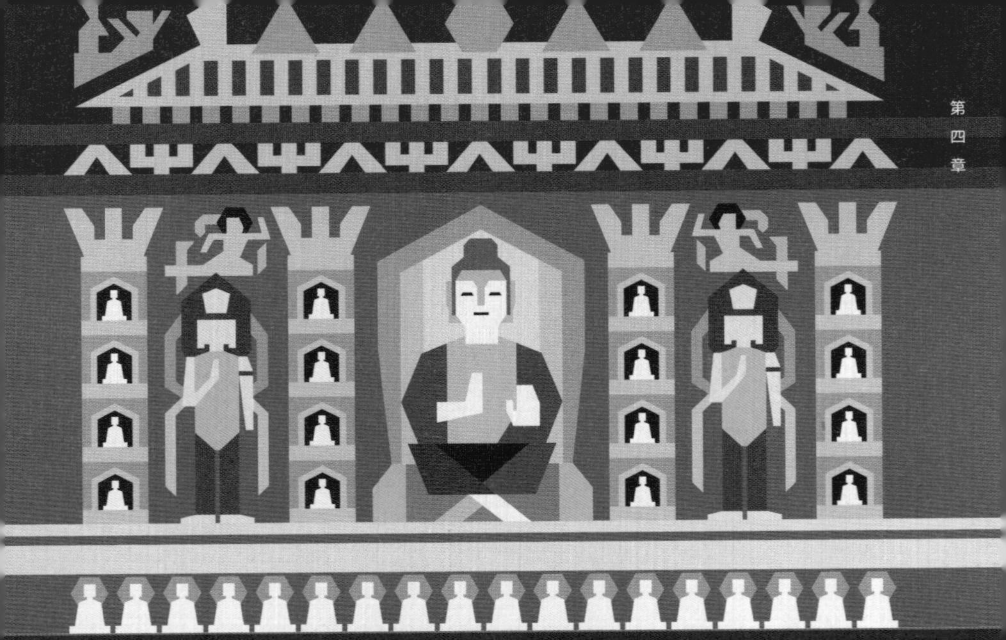

北方佛像

入主中原的胡族首領，其中不少崇信佛教，因此五胡十六國時期，佛教在北方中原甚為流行。其後鮮卑拓跋氏統一北方，建立北魏王朝，拓跋氏皇室也尊崇佛教，在首都平城（今山西大同）郊外開鑿了宏大的佛教造像石窟，即雲崗石窟（上圖）。北魏孝文帝遷都洛陽，又在洛陽郊區，開鑿了造像繁多的龍門石窟（下圖）。

如果說雲崗石窟較多地保留了古印度及希臘的佛像風格，前者衣褶比較輕薄優雅，後者則較為厚重；那麼後期開鑿的龍門石窟，則無論是樣式及題材，都更多的漢化。圖為早期的龍門石窟造像，而後期的造像（右頁下圖）則明顯更本地化。

北齊貼金彩繪石雕菩薩立像，薄衣貼身，並有貼身飾物。其身軀挺拔健碩，手法簡潔明快，具雕塑感，是從北魏至隋唐不可或缺的過渡時期作品。

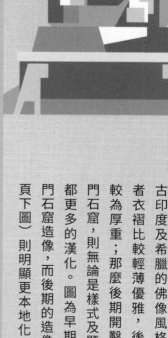

南方佛像

魏晉的內戰中，發生了「五胡亂華」的局面。不少晉朝貴族和中原士族、民眾為逃避戰禍，到南方淮河、長江地區建立東晉及其後的南朝（宋、齊、梁、陳）政權。當時不少貴族和士人深受道教影響。南朝的齊、梁時，皇室和士人逐漸改崇佛教，梁武帝更大興佛寺，令南方佛教大為興盛。當時不少佛寺深受道教影響，建築在山林之中，有濃厚的漢文化特色。圖為南京棲霞寺的石雕，風格秀麗典雅，秀骨清像。

南方盛行禪宗，主要在江南以南，集中於兩湖、兩江、廣東、福建一帶。禪宗祖師菩提達摩在南北朝時期曾到中國傳佛法，為梁武帝講法。不過因為禪宗主張不立文字，講究直指本心悟道，所以南方寺院留下的佛像非常少。上圖壁畫主題是在吳淞江邊發現飄浮著蘇州通玄寺的石像，民眾即行跪拜禮，印證江南民眾已廣泛接受佛教。左圖是東晉民間鎏金菩薩造像。

5 長安的一天

唐建都的長安城，是當時世界上最大的都城，面積是漢長安城近三倍，也是明清的北京城的一倍半。常住人口約有五十萬戶，包括皇室貴族、官吏、商人、士兵、僧道、手工藝人、各國使節、各地前來長安求學或考試的士子，入朝候命的官員等等，非常繁盛。

長安城呈長方形，南北中軸線，東西佈局對稱，街

道方正齊整。城內分宮城（皇室）、皇城（衙署）及外廓城（民居及商業區），共有十一條南北大街，十四條東西大街，街道把全城分割為一百一十個坊，各坊有圍牆分隔，全城十二座城門（大明宮北部正中的後門為玄武門，曾經發生不少政治事件）。日本奈良平安城及京都平安京，便是模仿唐長安城而建的。

因此，長安城不但是全國政治文化中心，更是絲綢之路的起點，是當時中原與西域文化交流的重鎮。

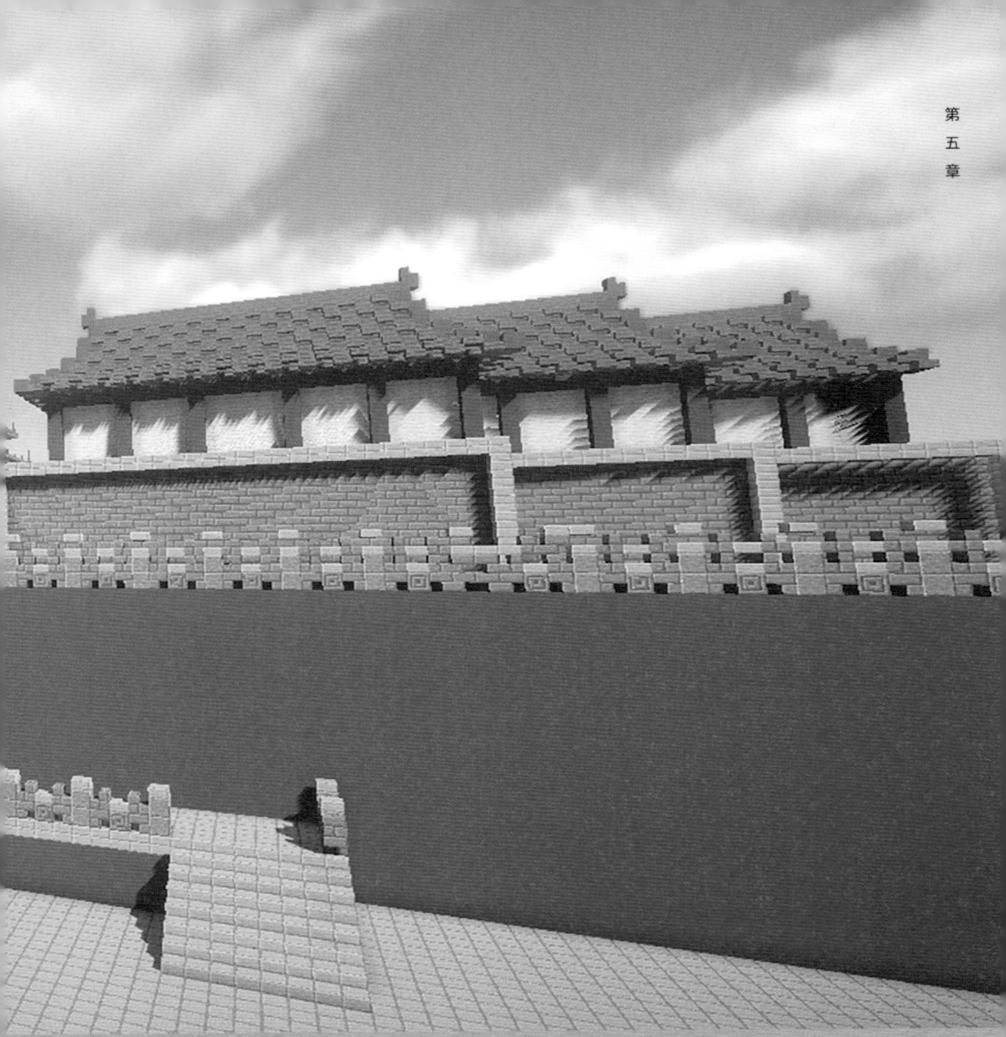

大明宮在長安城北面，唐太宗所興建，是長安城最宏偉的建築群，分前朝與內廷，以紫宸殿為界，前朝是朝會、面見群臣及辦公的地方，內廷則是帝后生活之所。

含元殿（見圖）則是大明宮的正殿，也是中軸線上的第一座宮殿，是舉行元旦、冬至大朝會和大酌、閱兵、受俘等一系列重要儀式的場所。由於含元殿是建在龍首崗上，距離地面四十多尺，天然環境已造就氣勢雄渾。加上嚴謹的對稱、紅柱白牆，赭黃色斗拱，深灰色瓦和綠色琉璃屋脊，使這座宮殿顯得雅致莊嚴、雄偉壯麗。

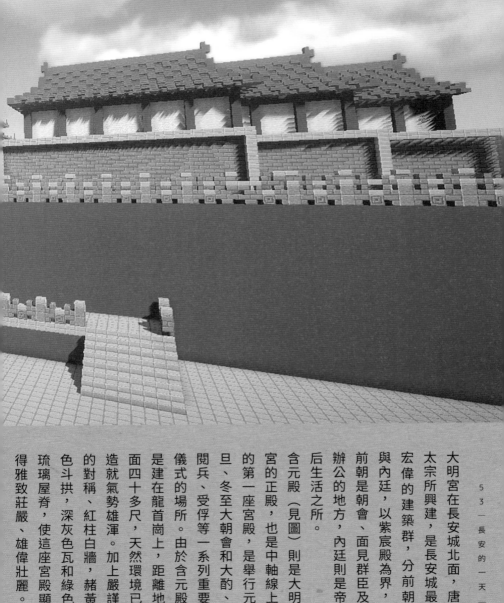

工具箱

163 Acacia Wood Stairs	126:4 Acacia Wood Slab	53 Oak Wood Stairs	44:2 Wooden Slab	17:1 Spruce Wood	17 Oak Wood	5:1 Spruce Wood Plank	5 Oak Wood Plank	159:14 Red Hardened Clay

宮廷的生活

丹鳳門

登基、宣佈大赦及改元。

含元殿

國家大典、閱兵及接見外國使節。

宣政殿

上朝，殿

麟德殿

宴會、接見外國使節。

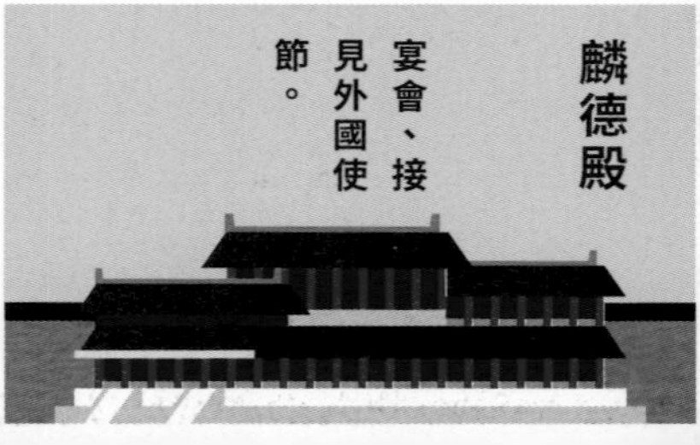

三清殿

皇帝煉丹的地方。

太液池

皇帝后妃

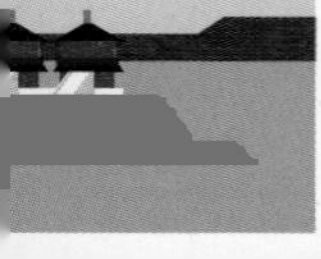

大明宮

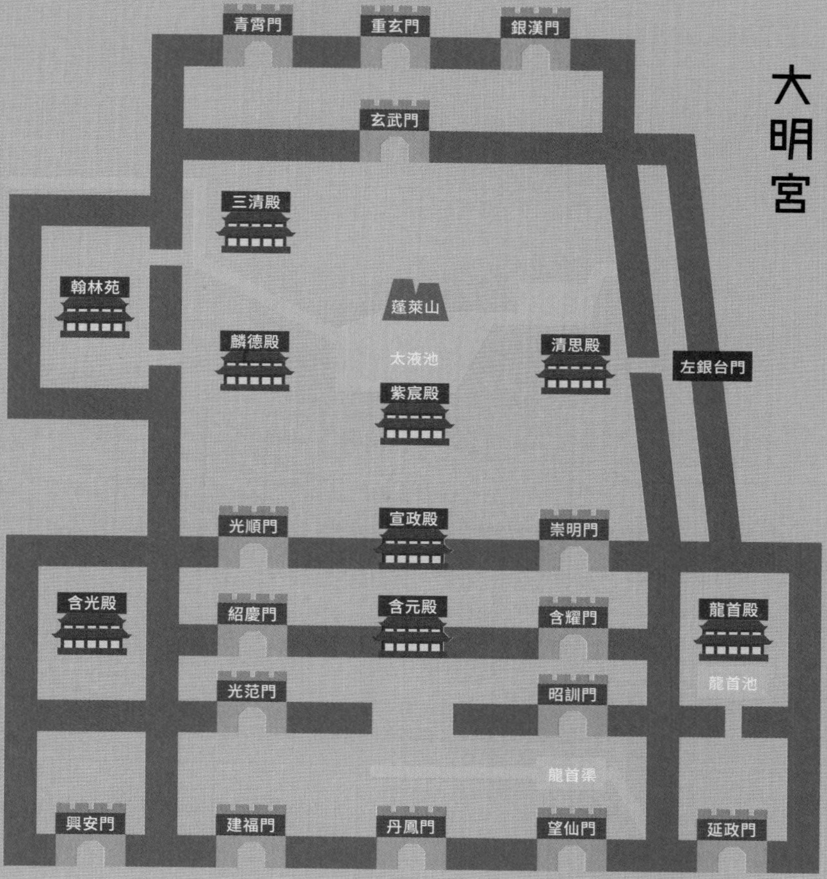

含光殿

皇帝接受朝賀及打馬球的地方。

紫宸殿

皇帝日常辦公地方，北面為后妃寢宮。

室。

龍首殿

看樂、御馬、遊樂的地方。

清思殿

皇帝遊樂的地方。

數。

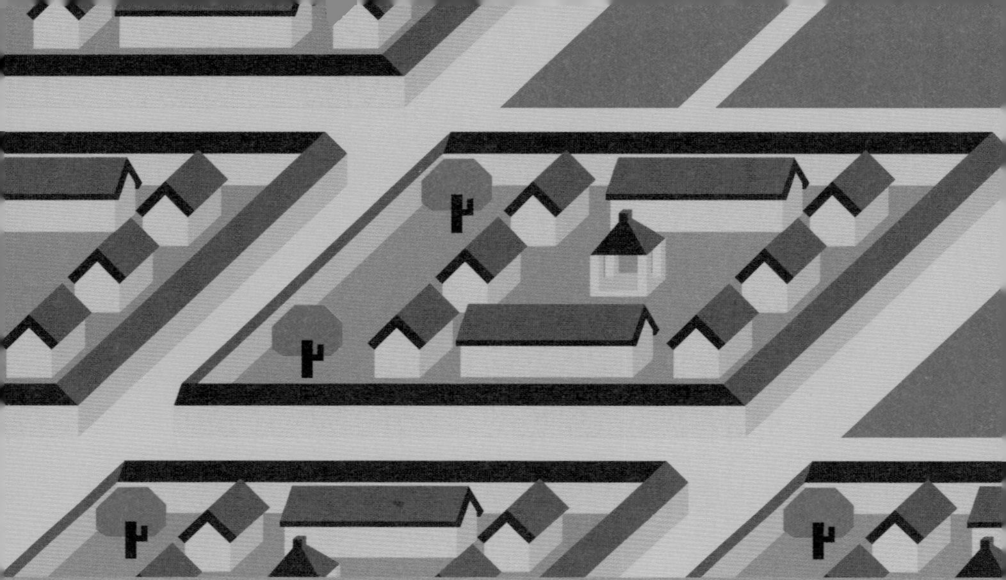

長安城佈局

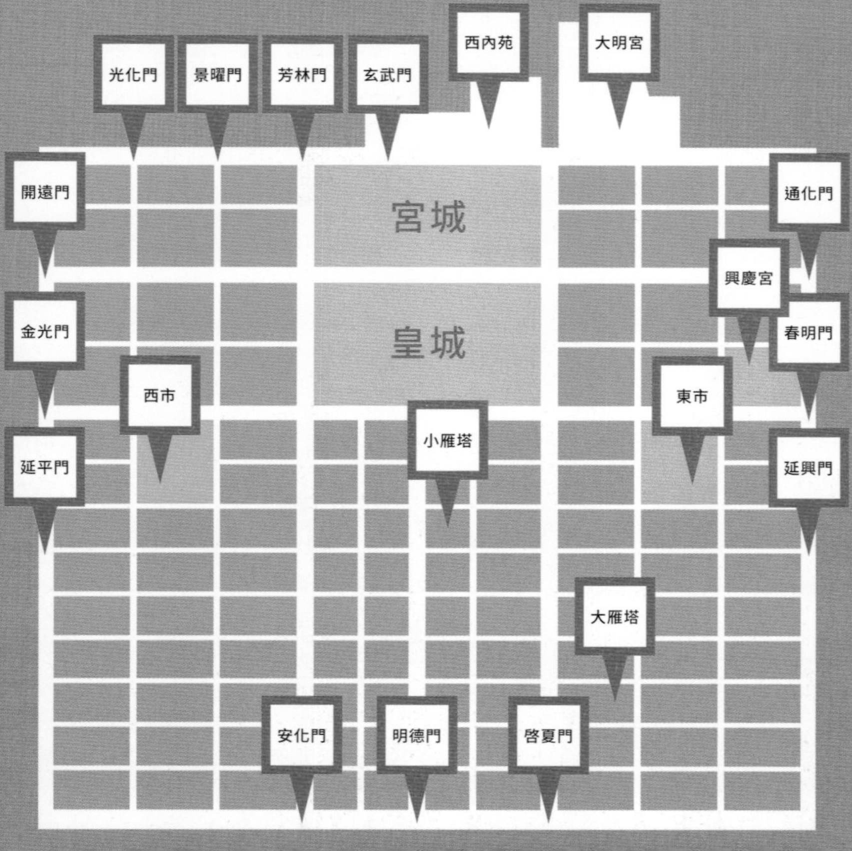
光化門
景曜門
芳林門
玄武門
西內苑
大明宮
開遠門
宮城
通化門
興慶宮
金光門
皇城
春明門
西市
東市
延平門
小雁塔
延興門
大雁塔
安化門
明德門
啓夏門

官員的一天

每天早晨雞鳴時分，天還沒有亮，五品以上的官員已從家裡出發，在皇帝臨朝的殿外等著宣召了；九品以上在京文武官則初一、十五才參加朝會。經常參加早朝的官員不下數百近千人。好容易等到早朝結束，他們可以留在皇城吃一頓飯，然後各自先回所屬的辦公地點。午後下班，便可以回家吃飯，或與朋友相聚。

唐朝不少名人學士，都曾經在長安居住，留下不少故事和文學作品，例如李白、杜甫、王維、韓愈、柳宗元、劉禹錫、白居易都曾經在長安生活，杜甫詩句：「三月三日天氣新，長安水邊多麗人」，便是描述長安貴族婦女春遊曲江的盛況。

第五章

西市的一天

長安城有東西兩市，每天日中開市，夕陽西下閉市。西市以東西、南北各二條街分隔成九個小區，每個小區四面臨街設鋪。店鋪大多是食店酒樓，尤以胡姬酒家最有名。其他如衣行、絹行、藥行、帛店和鐵行等也很多。由於西市距離絲綢之路的起點較近，故西市是胡商匯集之地，西域的貨物如珠寶、香藥，及中國的絲綢、瓷器等雲集。西市內尚有胡姬表演胡旋舞，引人圍觀。由於入夜後有宵禁令，晚上市內無人，只有在元宵節或全國性節日，宵禁令取消，市民才可以張燈結彩，大事慶祝。

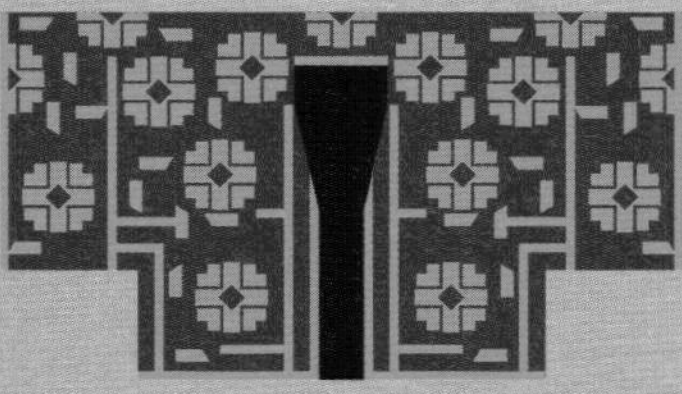

唐絲金織仕女短袖上衣

狩獵花草紋高足銀杯

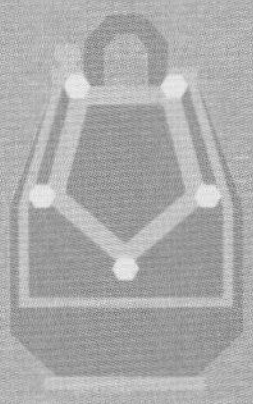

白釉馬鐙形壺

胡商到西市做買賣

大慈恩寺

長安一百多個坊之中，有不少著名佛寺、道觀，例如城南部晉昌坊的大慈恩寺，由唐太宗的太子李治（日後的唐高宗，武則天的丈夫）為紀念母親長孫皇后所建（原名薦福寺），是佛教三大譯經場之一。玄奘法師從天竺（印度）取經回國，被迎接到大慈恩寺翻譯佛經。寺後的大雁塔是巨大的磚塔，經歷千多年風雨，仍然穩固屹立，成為長安城的地標之一。

唐朝考試放榜之後，考中的進士會在慈恩寺的塔內石碑題名紀念，稱為「雁塔題名」。

6 清明上河圖

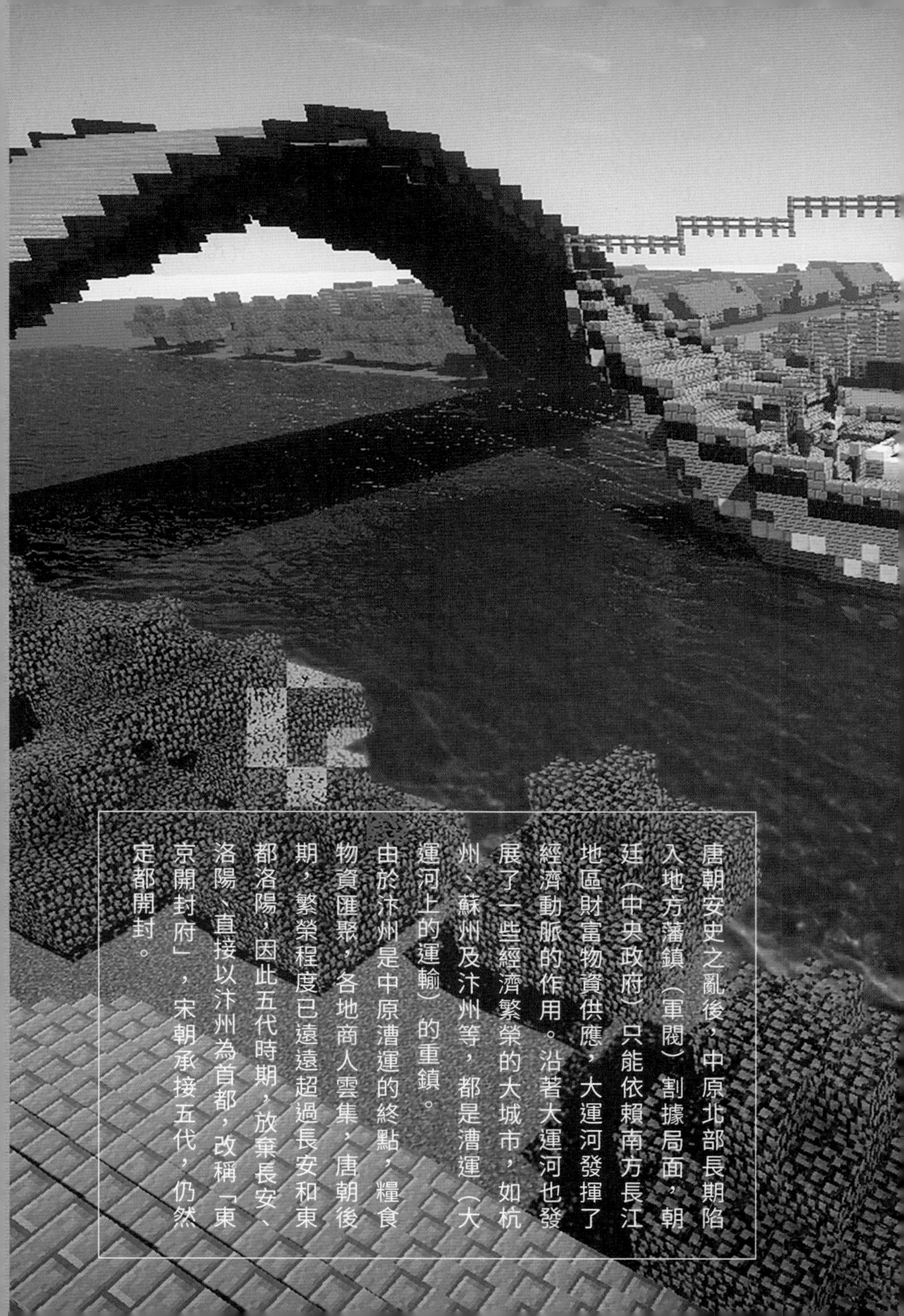

唐朝安史之亂後，中原北部長期陷入地方藩鎮（軍閥）割據局面，朝廷（中央政府）只能依賴南方長江地區財富物資供應，大運河發揮了經濟動脈的作用。沿著大運河也發展了一些經濟繁榮的大城市，如杭州、蘇州及汴州等，都是漕運（大運河上的運輸）的重鎮。

由於汴州是中原漕運的終點，糧食物資匯聚，各地商人雲集，唐朝後期，繁榮程度已遠遠超過長安和東都洛陽，因此五代時期，放棄長安、洛陽，直接以汴州為首都，改稱「東京開封府」，宋朝承接五代，仍然定都開封。

運往開封的貴重貨物中，有不少來自海外的奇形異寶。大食（今阿拉伯）、波斯（今伊朗）及東西洋（今東南亞諸國）商人，從海路而來，攜帶珠寶、香藥、海味等貨物，到達廣州、泉州等港口，經大運河北上，在開封銷售，獲得厚利。宋朝商人，亦乘海船放洋出海，攜帶絲綢、瓷器、銅錢往外洋貿易，最遠達非洲東岸的肯尼亞、坦桑尼亞，時至今日，在廣東、福建海岸，仍可以發現宋朝沉船。廣東陽江市的「南海一號」沉船，是其中代表。

工具箱

17:1 Spruce Wood	17 Oak Wood	85 Oak Fence	53 Oak Wood Stairs	44:2 Wooden Slab	43:2 Double Wooden Slab	5:1 Spruce Wood Plank	5 Oak Wood Plank

商鋪林立

唐朝的都市，實行「坊」、「里」制，城內各坊有坊牆環繞，不許臨街開設商店，只能在坊內里巷中買賣生活用品。大規模商貿，則在朝廷規定的「東市」及「西市」進行，而且有時間規定，商業受到限制。五代時，終打破坊牆，准許臨街開設商店，並取消宵禁，開封城商業蓬勃，發展成為人口超過一百萬、富甲天下的城市。

藥堂
書坊
古今名人文集詩
六陳店

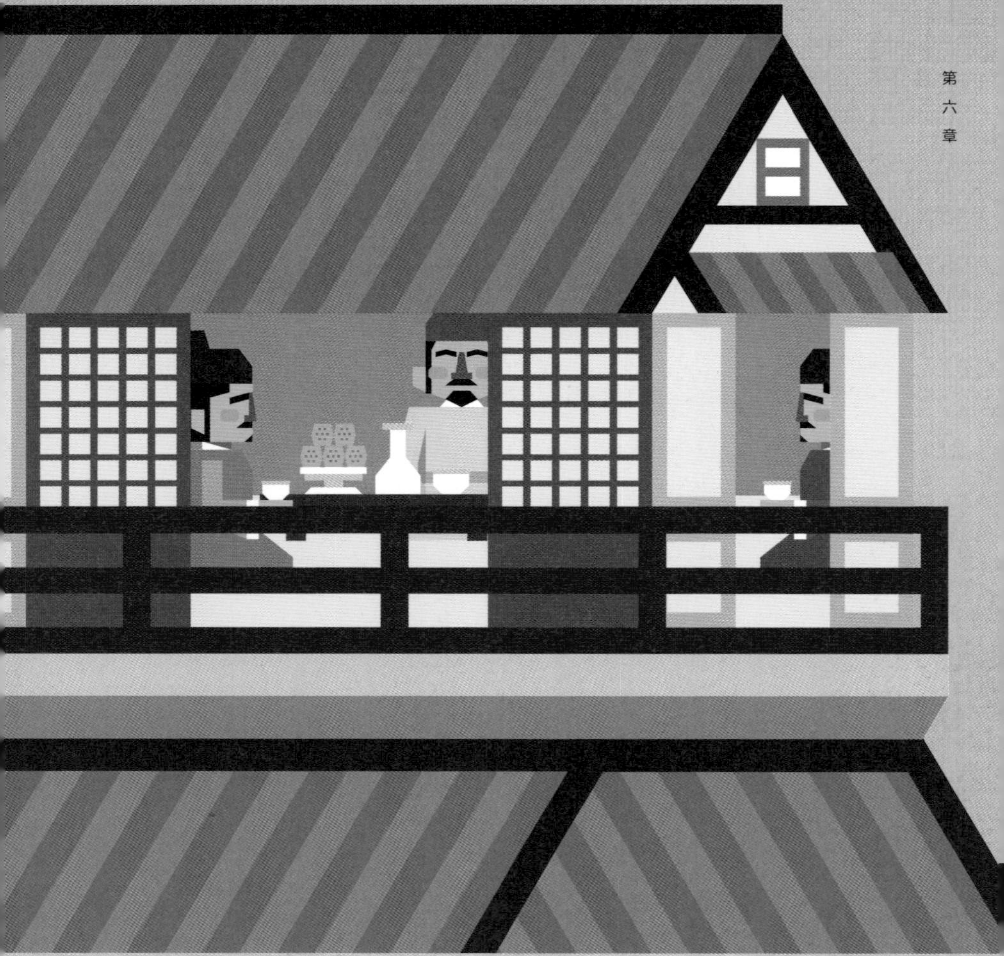

手工業興盛

宋朝開始有全職的工匠，他們的產品不但滿足內銷，也外銷至世界各地，如絲綢的產量已遠遠超過唐朝，質量也有所提升，宋絹便以細而薄聞名。唐開始的五大名窰，其中官窰瓶，開冰裂細小紋片，雅致耐看；建窰的黑茶盞，亦是難得珍品。宋朝的木版印刷發達，大量經典、詩文、史書等得以廣泛流播，活字印刷也開始出現，對知識學術得以普及，應記一功。

I 宋錦

II 建窰黑瓷碗

III 冰裂紋花瓷

城市管理

宋代開封城人口不斷增加，房屋商鋪密集，而房屋多是木材建造，容易發生火災，所以官府必須加強燈火管制，實行夜間巡邏，並在高樓設哨站，以便隨時救火。這是世界上最早的消防設施之一。

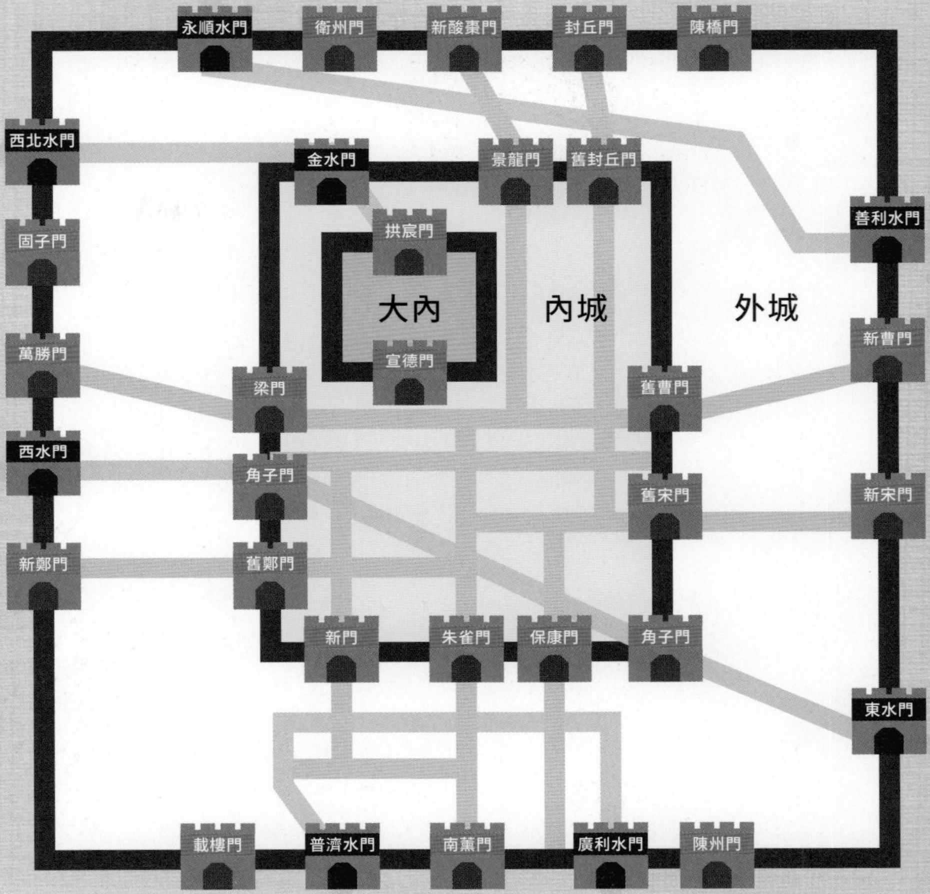

開封城內河道縱橫，方便供水和排污，使居民生活更舒適。

北宋運河圖（以開封為中心）

宋朝開封城的商品，不少來自南方長江流域：絲綢來自蘇州、杭州、湖州（今浙江省湖州市）；瓷器來自江西景德鎮；茶葉來自福建、兩浙（今浙江省），還有杭州刻印的書籍，廣東、福建進口的海外珍寶等。宋徽宗還派遣宦官童貫，到江南蒐集形狀奇特的「太湖石」，運往開封作為宮中園林假山材料。

這些貨物都用大木船運載，沿大運河北上，每一批貨物稱為「綱」，運載太湖石就稱為「花石綱」。這些承載著宋朝財富物資的木船，在《清明上河圖》中清楚展現。

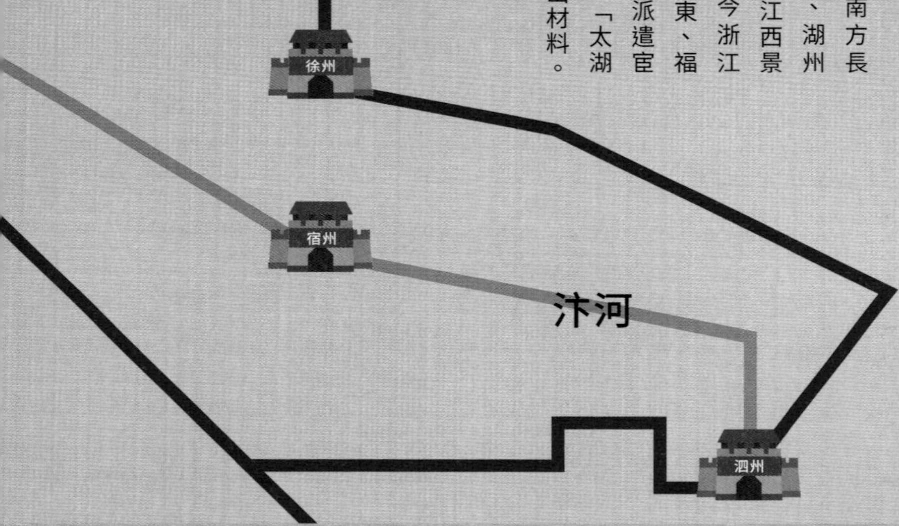

貨幣

由於宋朝商業興盛，交易額越來越大，原來的小額貨幣已不夠應用，開始使用「交子」，這是全世界最早的紙幣。這種類似存款收據的證券，從民間開始至官府正式發行，最後至明朝中期，大明寶鈔因為濫發而貶值，被外國進口的白銀所取代。

IIII	III	II	I

I 兌換店

II 銅錢（上）鐵錢（下）

III 民間印鈔

IIII 官府印鈔

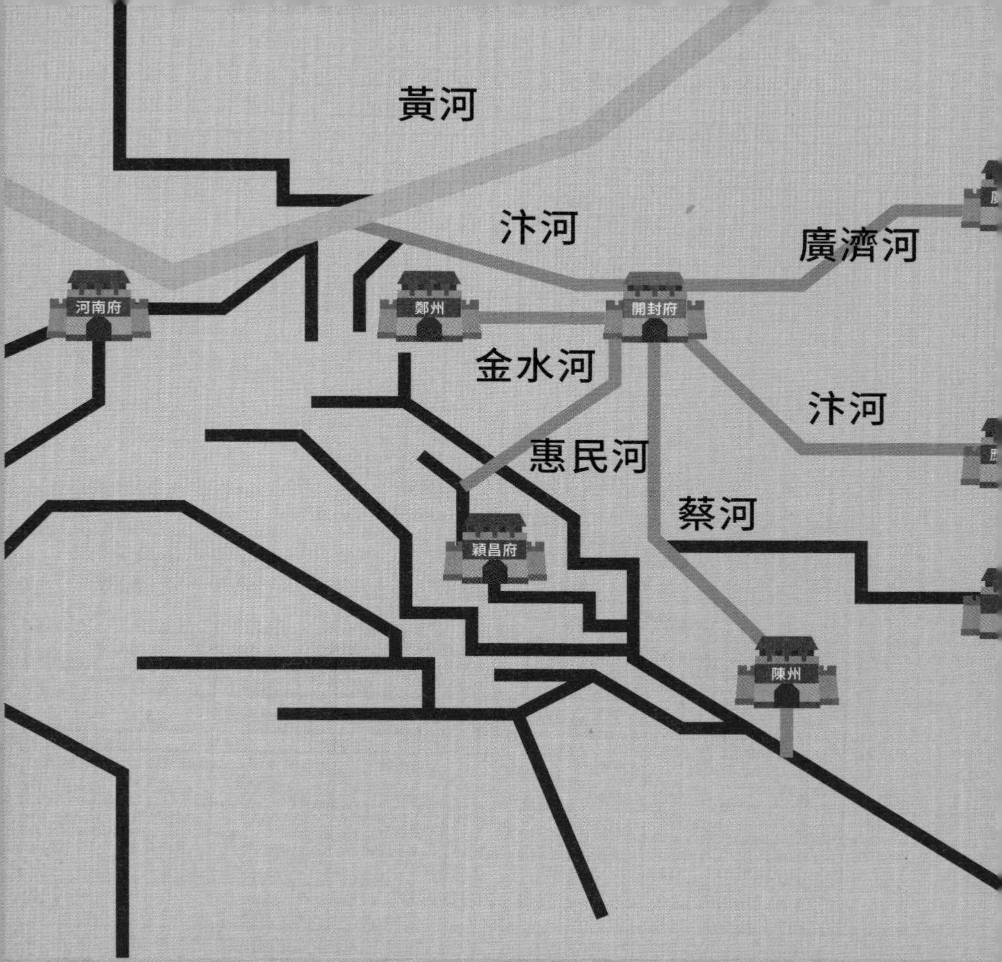
黃河
汴河
廣濟河
河南府
鄭州
開封府
金水河
汴河
惠民河
蔡河
潁昌府
陳州

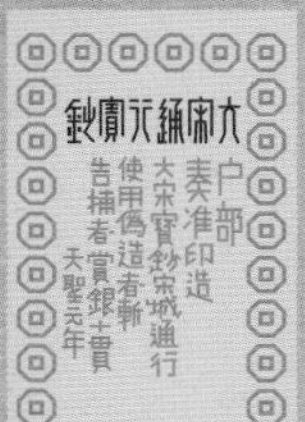
戶部
奏准印造
大宋寶鈔宋城通行
使用僞造者斬
告捕者賞銀十貫
天聖元年

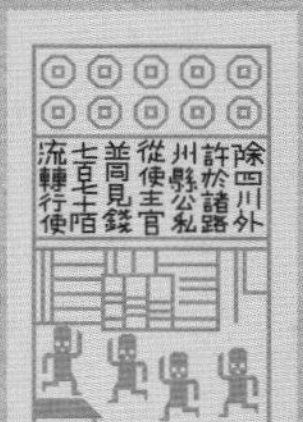
除四川外
許於諸路
州縣公私
從使主官
見錢
流轉行使

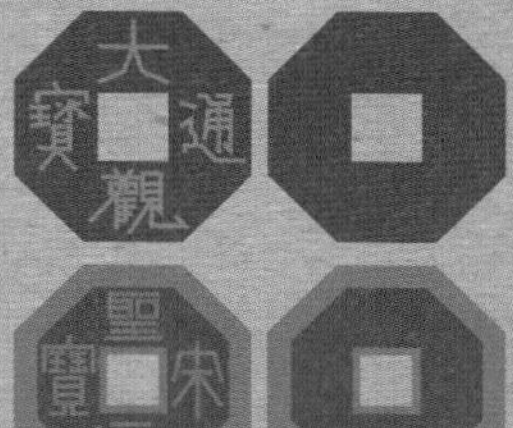
大觀通寶
聖宋元寶

兌換紋銀酒器
各樣金銀首飾

7 讀書人的一生

明太祖朱元璋出身寒微，因參加民間反元武裝而崛起，經多年苦戰，削平南方群雄，驅逐蒙古，創立明朝，定都應天（今江蘇南京），後其子明成祖遷都北京（今北京城），以應天為南京，於是形成南、北二京制。

明太祖統一天下後，即清除權勢顯赫的功臣集團，重用文官治國，開科取士，於是明朝科舉大盛。科舉考試，出仕為官，仕途變幻，成為明朝兩百多年士大夫（讀書人）的人生經歷，而明朝文化生活，亦伴隨著科舉而發展。

明太祖在各地府、州、縣設立學校，學校旁為祭祀孔子的孔廟，現在不少城市的古城中心，仍有明朝的孔廟及學校遺址。

所有學童，必須先考取縣學生資格（稱為童生），始能參加以後的考試。每年各府（管轄數個縣至十多個縣的行政區）舉行府試，附屬各縣童生可以應考，合格的稱為「生員」，也就是秀才，已是初級科舉功名。

各省每三年在省城舉行鄉試，全省生員可以應考，合格的稱為「舉人」，已有出仕為官的資格。第一名舉人稱為「解元」，也就是全省第一名。

鄉試的第二年春天，禮部在京城舉行會試。各省舉人需要「上京赴考」，又稱「春闈赴考」，合格的稱為「貢士」，第一名稱為「會元」。

工具箱

321 Painting	416 Armor Stand	17:1 Spruce Wood	17 Oak Wood	5:5 Dark Oak Wood Plank	5:4 Acacia Wood Plank	5:3 Jungle Wood Plank	5:2 Birch Wood Plank	5:1 Spruce Wood Plank	5 Oak Wood Plank

上朝面聖

會試之後的秋天，中秋節前後，皇帝親自在奉天殿舉行殿試。所有貢士可以應考，目的在排定名次，不用淘汰。名次分三甲（三個等級），一甲三人：第一名為「狀元」，第二名為「榜眼」，第三名為「探花」。二甲數十名，稱為「賜進士出身」，三甲二、三百名，稱為「同進士出身」。因此無論一、二、三甲，都可以稱為進士。

中進士之後，便可出仕為官，成績優異的，選入翰林院（研究學術機構，可以接觸宮廷典藏書籍）為修撰、編修、庶吉士等官職，散館之後被派到各部、各省任中級官員。成績次等的，派往各部學習任官，或派往各省任州縣官。以後的仕途好壞，則因各人才能、際遇而定。

官服圖案

一品文官 仙鶴補子

二品文官 錦雞補子

三品文官 孔雀補子

四品文官 雁補子

五品文官 白鷴補子

六品文官 鷺鷥補子

七品文官 鴻潄補子

八品文官 鶴鶉補子

九品文官 練雀補子

生活審美

士大夫的文化生活，也深深影響明朝社會。無論書法、繪畫、園林藝術、家居陳設、音樂、戲曲，都以士大夫的情趣為依歸，含蓄而清雅，內斂而閒適，為傳統中國文化人的生活理想境界。

文人的審美意趣，也反映在他們的生活用器的選擇上，例如名聞中外的明式家具，用料講究，製作精良，線條簡潔明快。再如當時最有代表性的景德鎮青花瓷，由於技術的改良，一改明以前單色瓷為

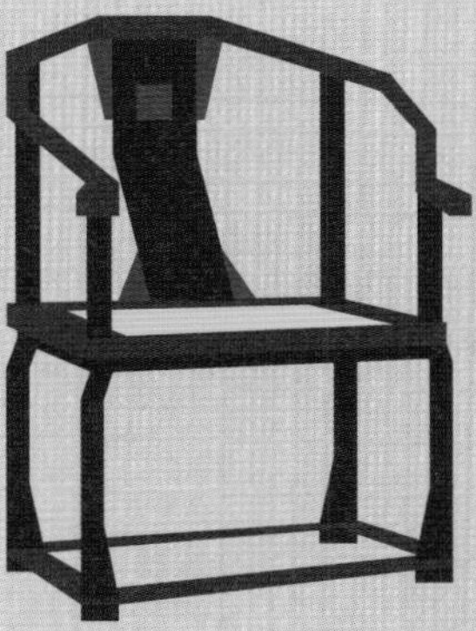

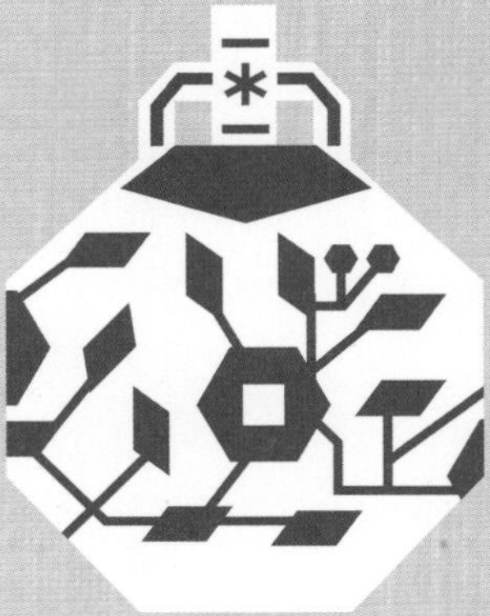

主的局面，不管寫意還是寫實，青花瓷上的紋飾（花鳥、蟲魚山水、動植物都有）都顯得自由奔放，簡約清雅。

I 官帽椅

II 典型擺設

III 青瓷

IIII 墨硯

第七章

文人雅集

I 古琴

II 圍棋

III 紫砂茶壺

文人閒來雅集，作詩唱酬，或煮茶品畫，或操琴下棋，人生一大樂事。他們講究詩書畫印，渾然一體，視之為個人修養。文人作畫，無論山水、花鳥或人物畫，最重視氣韻，講究性靈及筆墨意趣，彷彿順手拈來，漫不經意，以自娛為主。於是文人畫，有別於宮廷及民間畫師的畫作，別樹一幟。

退隱園林

士子考取功名之後，可以「光宗耀祖」，本人成為家鄉敬重的鄉紳。待退休返回故鄉，從此隱居園林，也是理想的生活方式。明朝也是私家園林非常興盛的時期。中國園林，崇尚自然，有山有水，詩情畫意。不管大園小園，講究變化，最好每走一步，便換一景。亭台樓閣，與環境相融而不奪自然之色；長廊曲折，石窗如畫框，穿越其中，趣味盎然；而花木假山，四時景色不同，更添神韻。

亭台樓閣
翠晚
石窗
曲橋
假山

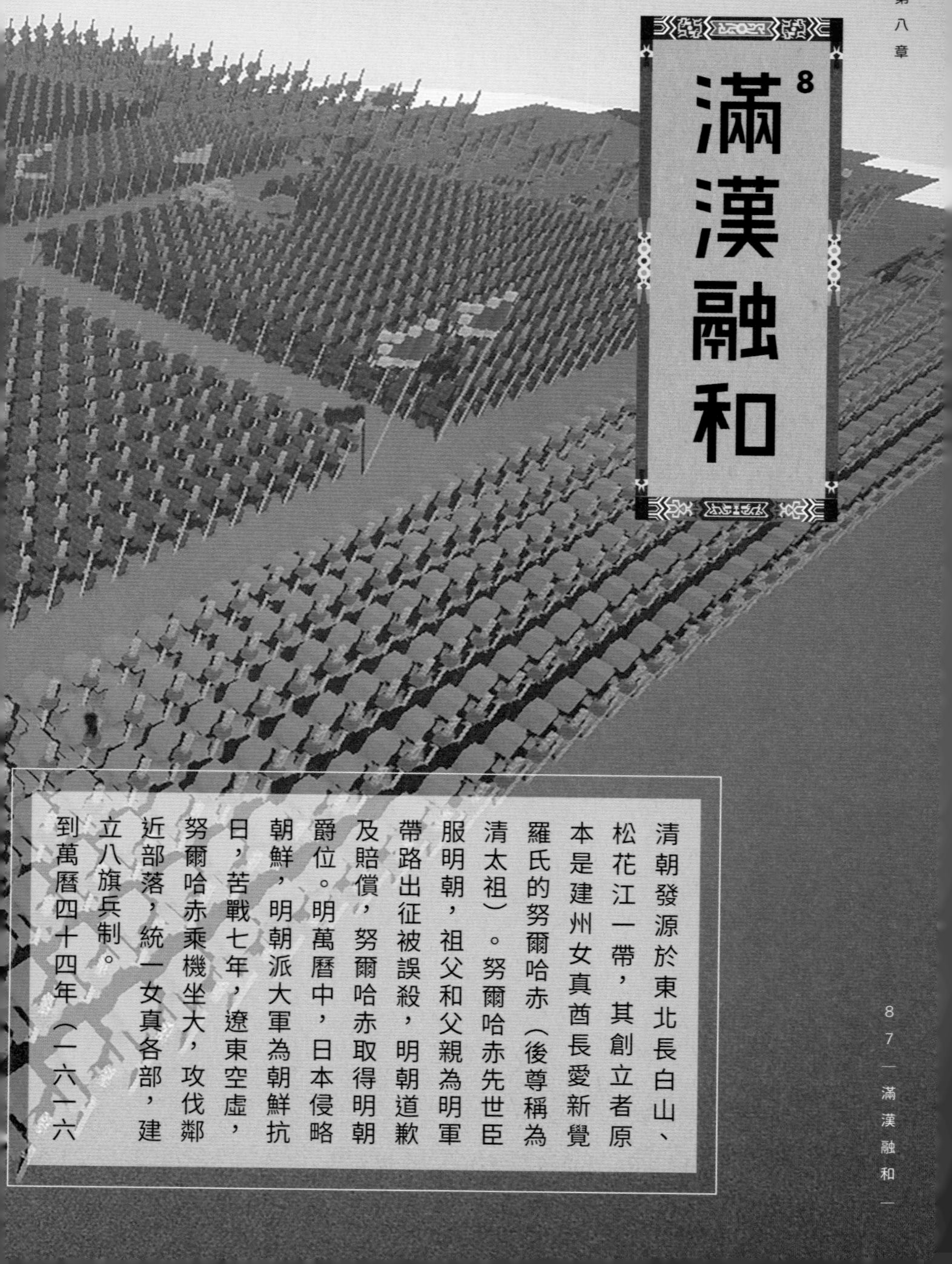

8 滿漢融和

清朝發源於東北長白山、松花江一帶，其創立者原本是建州女真酋長愛新覺羅氏的努爾哈赤（後尊稱為清太祖）。努爾哈赤先世臣服明朝，祖父和父親為明軍帶路出征被誤殺，明朝道歉及賠償，努爾哈赤取得明朝爵位。明萬曆中，日本侵略朝鮮，明朝派大軍為朝鮮抗日，苦戰七年，遼東空虛，努爾哈赤乘機坐大，攻伐鄰近部落，統一女真各部，建立八旗兵制。

到萬曆四十四年（一六一六

年），努爾哈赤叛明建國，國號「金」，史書稱為「後金」。兩年後在薩爾滸擊敗明朝大軍，攻佔明朝重鎮瀋陽，並遷都到這裡。努爾哈赤之子皇太極，於一六三六年四月改國號為「大清」，改女真為「滿洲」。

一六四四年五月，清朝攝政王多爾袞出兵協助明朝山海關守將吳三桂，擊敗民變叛軍首領闖王李自成，乘機入主中原，定都北京。至公元一九一一年十月（辛亥年）武昌起義爆發，清宣統帝退位，清朝結束二百六十多年的統治。

清朝統治者是滿洲人，與蒙古人結成強大軍事同盟，入主中原之後，成為統治階層，地位在漢人之上。滿人入主中原後，以北京為家鄉，八旗各佔城內一區為領地，並在中原要衝城市中心一部分設滿洲駐防營（廣東人稱「旗下街」）。於是西安、南京、杭州、福州、廣州、成都、荊州等十多處城市，都有滿蒙八旗官兵及家眷定居駐防，發展為今日各地的滿族。滿蒙八旗子弟世襲當兵，領取俸祿，但承平百多年，養尊處優，作戰能力逐漸衰退，到清朝嘉慶道光以後，已不堪一擊。

工具箱

35:14	35:13	35:11	35:4	109	67	4	1
Red Wool	Green Wool	Blue Wool	Yellow Wool	Stone Brick Stairs	Cobblestone Stairs	Cobblestone	Stone

建築

瀋陽宮殿的房屋低矮，室內有炕床。宮殿東部的大政殿是清朝皇帝檢閱八旗兵的地方，殿築成八角型，前面是大廣場，左右兩旁有八座亭子，分別是八旗旗主的席次。

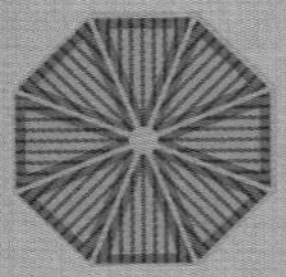

頂部

瀋陽大政殿（軍政大殿）

瀋陽清寧宮（帝后寢宮）

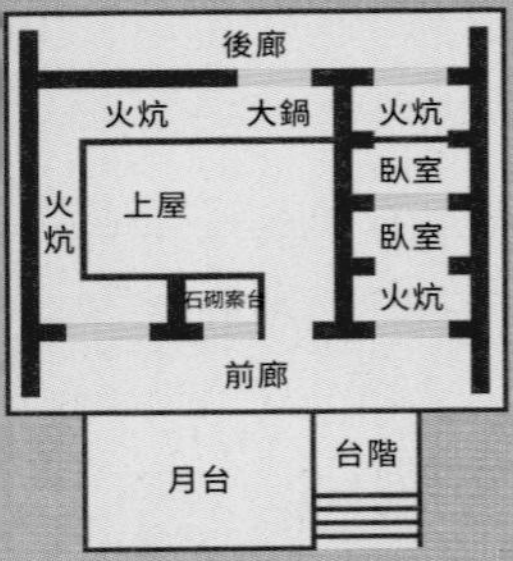

清朝定都北京，皇帝居住的紫禁城，及旁邊的西苑（現稱中南海），是漢式建築，紅牆黃瓦，殿宇以中軸線為中心左右對稱排列，而室內陳設如彩繪，有滿族風格，門上匾額滿漢文並存。此外，北京、承德也仿建了不少江南風格的園林，而慈禧太后修建的頤和園，則是漢藏融合的建築群。

I II III

I 瀋陽清寧宮內部地仗彩畫

II 太和殿南崇樓上彩畫

III 避暑山莊普樂寺前後殿（前漢式，後為東藏式）

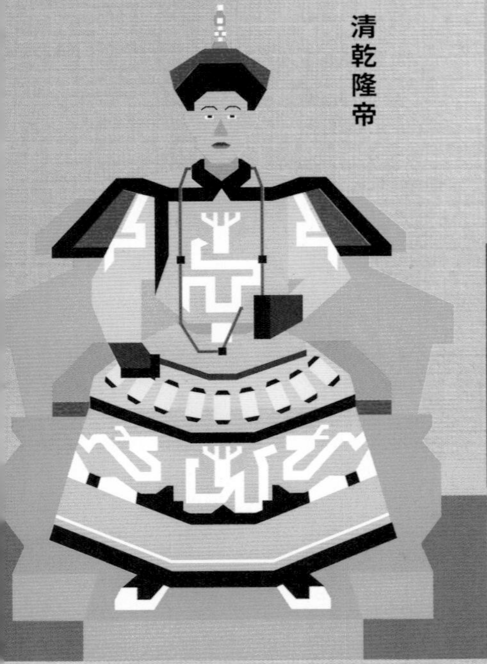

清乾隆帝

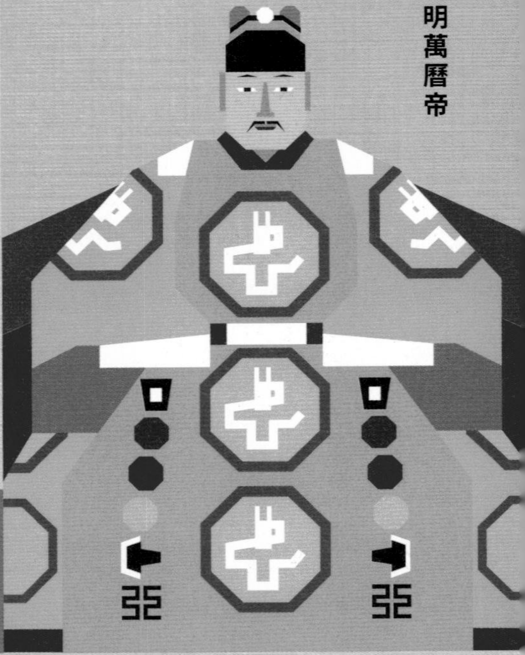

明萬曆帝

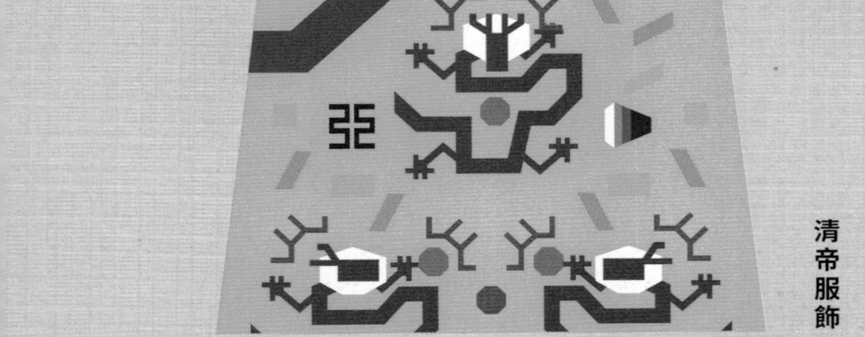

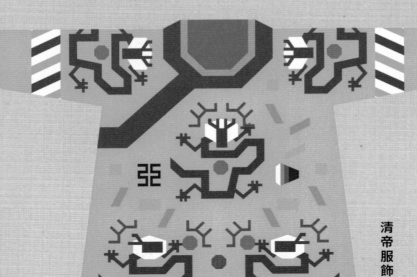

清帝服飾

明萬曆孝端皇后

清順治孝康章皇后

服飾

滿洲人的服飾與漢人差異甚大，漢人褒衣博帶，士人戴方形頭巾，滿人穿高領窄袖衣袍，外加馬褂，薙髮（薙，俗寫成「剃」）垂辮，戴尖頂帽。貴族、高官帽頂嵌珠子，武將帽頂插羽毛，稱為「花翎」。滿清入關之後，強迫漢人改穿滿服，必須薙髮垂辮，以示降服，因此有「留髮不留頭，留頭不留髮」的說法。不過，清帝龍袍上龍紋左右側圖案，仍沿用漢人傳統。右側斧頭狀紋飾，象徵權威；左側黑白兩色繡成弓形相背，表示見善背惡。

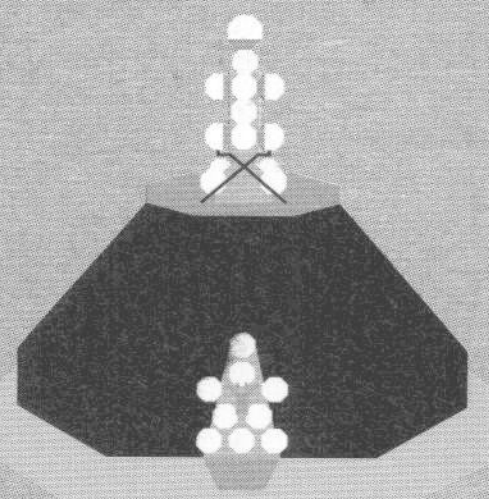

清皇帝朝冠

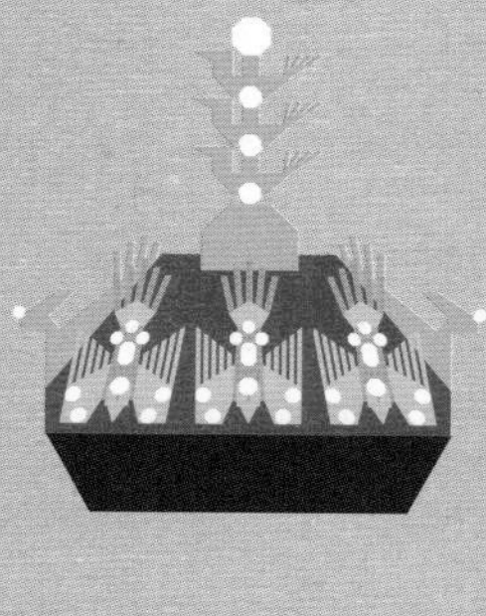

清皇后朝冠

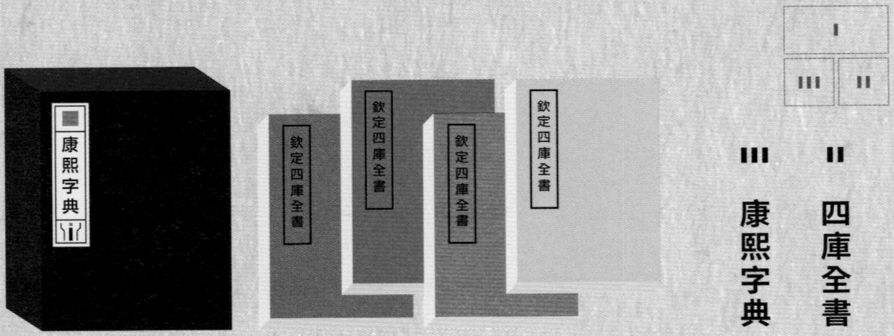

I 乾隆御筆

II 四庫全書

III 康熙字典

文書

滿清入關之後，經歷順治、康熙、雍正、乾隆四代皇帝，革除明朝弊政（如宦官弄權、皇帝荒怠、官員敷衍等），勤於政務，留心民間疾苦，努力學習漢人語文及經典，致力爭取漢人士大夫認同。出兵東征西討，平定外蒙古、準噶爾、青海、西藏、維吾爾、臺灣等地方勢力，完成大一統，建立歷時一百多年的康、雍、乾盛世。

清朝的統治，為中原加入了滿、蒙、藏、維吾爾等文化色彩。雖然薙髮垂辮使漢人感到屈辱，但清皇室的銳意漢化，亦使漢文化能發展昌盛，漢人士大夫亦可以成為清朝重臣，漢人的學術、文化、藝術得以弘揚。康熙帝命大臣編纂的《古今圖書集成》、《康熙字典》及乾隆帝命大臣編纂的《四庫全書》，更是漢文典籍薈聚的代表。

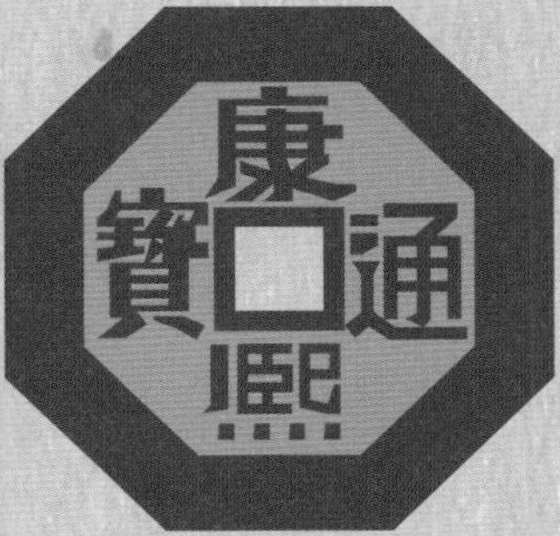

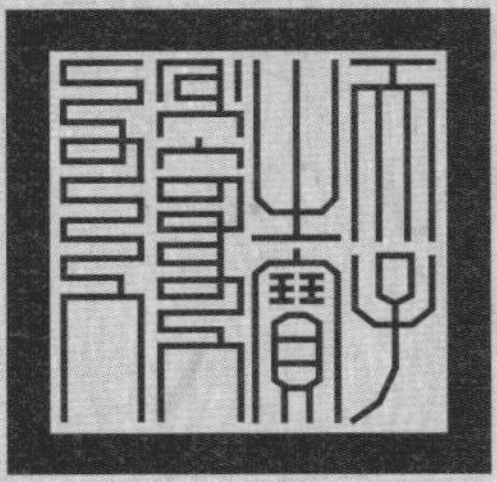

|||| 乾清門（滿漢文）

卌 康熙御筆

卌| 康熙錢幣（滿漢文）

卌|| 「天子之寶」（滿漢文）

卌||| 玉璽

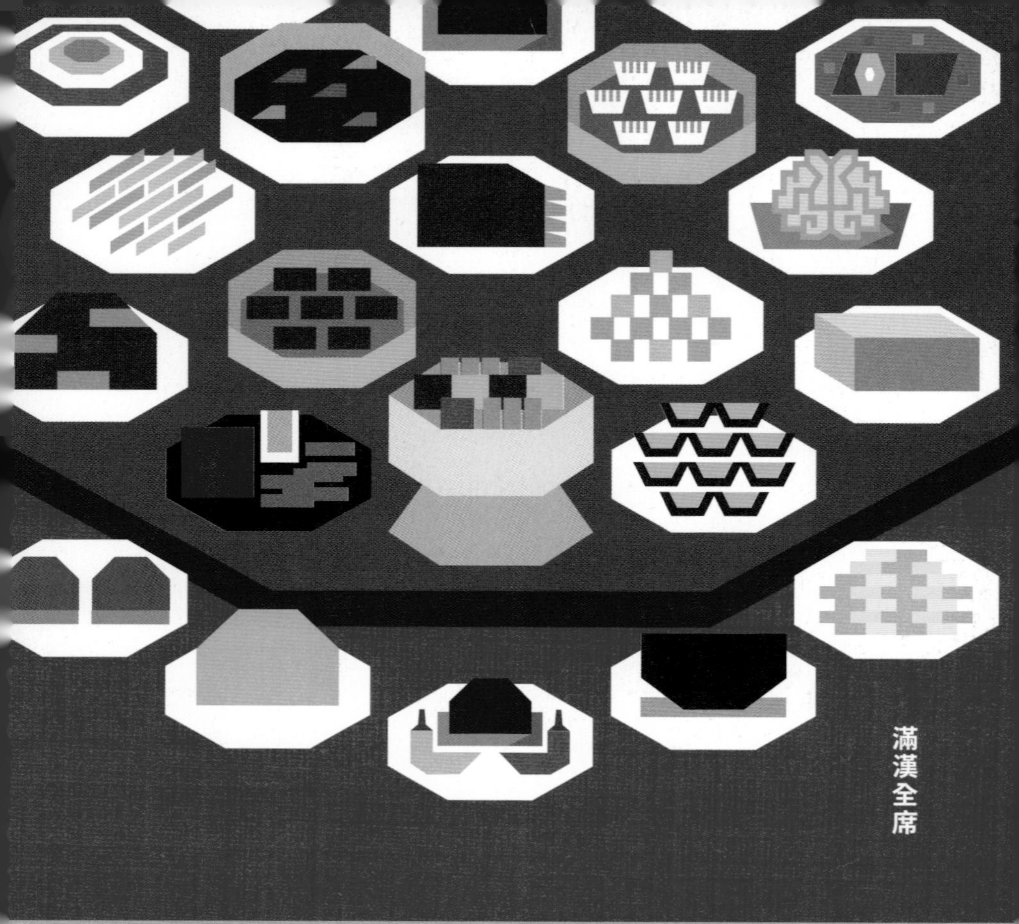

滿漢全席

飲食

滿人飲食習慣有濃厚漁獵民族色彩，喜歡吃羊、鹿等肉，飲蜂蜜、乳酪，冬天喜吃火鍋。最著名的筵席「滿漢全席」，是滿人進入中原後吸收漢人烹飪而改良的食制。

餑餑

康熙三彩攢盤，方便放各式肉食。

壽字火爐

銀鍍金壽字火碗

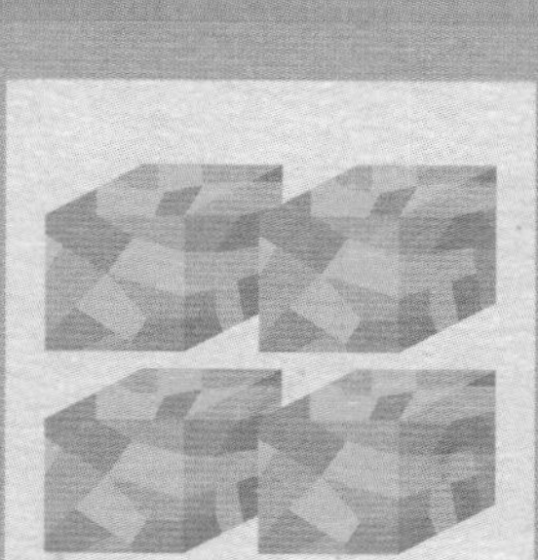

沙琪瑪

中國八大場景

責任編輯 李安
書籍設計 Die Leung
Minecraft 總監 禤文浩
Minecraft 顧問 陳朗然
Minecraft 團隊 郭建邦、韓盛
Minecraft 資料搜集 鄭淑丹
圖象／文字資料搜集 李安、蕭渝雙、杜楚奇、郭燁佳、林融

書名 Minecraft 學歷史1 中國八大場景
作者 張偉國（文字）、Koding Kingdom (Minecraft)、高聲（插畫）

出版 三聯書店（香港）有限公司
香港北角英皇道四九九號北角工業大廈二十樓
印刷 美雅印刷製本有限公司
香港九龍觀塘榮業街六號四樓A座
發行 香港聯合書刊物流有限公司
香港新界大埔汀麗路三十六號三字樓
版次 二〇一七年七月香港第一版第一次印刷
規格 大三十二開（140mm x 200mm）二二二面
國際書號 ISBN 978-962-04-4186-8

Minecraft 學歷史

JPBooks.Plus
http://jpbooks.plus

三聯書店
http://jointpublishing.com